CÓMO LIDIAR
CON LA
ANSIEDAD
DE TU HIJO
ADOLESCENTE

Sara Villanueva

CÓMO LIDIAR CON LA ANSIEDAD DE TU HIJO ADOLESCENTE

Título original: *The Angst of Adolescence: How to Parent Your Teen and Live to Laugh About it*

Traducción: Estela Peña Molatore
Diseño de portada: Ramón Navarro
Imagen de portada: © Shutterstock

Primera edición: julio de 2016
ISBN: 978-607-07-3509-7

Impreso en los talleres de EDAMSA Impresiones, S.A. de C.V.
Av. Hidalgo núm. 111, Col. Fracc. San Nicolás Tolentino, Ciudad de México
Impreso y hecho en México — *Printed and made in Mexico*

A las personas que llenan mis días de locura y demencia, que me sacan canas verdes y me abruman con preocupaciones, pero al mismo tiempo me llenan de una inmensa alegría, orgullo, y del más alto sentido de inspiración y propósito... mis hijos.

Para Susan, Thomas, Sophia y Gabriel

En verdad soy muy bendecida por ser su madre.

CONTENIDO

INTRODUCCIÓN

¡AH!, LA ADOLESCENCIA: la etapa en que tu hijo *siempre* tiene que tener la última palabra; esa etapa en que te das cuenta de que está en constante ansiedad y, desde luego, no pueden faltar los típicos ojos hacia arriba. Amas a tu hijo más que a nada en el mundo, lo sé. Pero hay algo diferente ¿cierto? Los padres suelen preguntarse «¿qué pasó con mi pequeño al que le encantaba *acurrucarse* a mi lado?» o «¿dónde quedó mi cariñosa pequeña que me dejaba cepillarle el cabello y me pedía cepillar el mío?».

Cuando tu hijo inicia la segunda década de su vida, las cosas empiezan a cambiar de un modo dramático. Entra en la etapa de desarrollo que se conoce con términos tales como «tormenta y estrés» y «la terrible adolescencia». La adolescencia es un periodo de importante transición tanto para los hijos como para los padres. Algunas señales indicadoras de que tu hijo está en la transición de la niñez a la vida adulta incluyen: desarrollo de la pubertad, que se evidencia por obvios cambios físicos y biológicos; desarrollo cognitivo, que se presenta cuando el adolescente comienza a pensar diferente y a mostrarse desafiante respecto de la forma en que otros piensan y actúan; y el desarrollo social que se manifiesta por el deseo del adolescente de tomar sus propias decisiones sobre cómo pasar su tiempo, con quién, y cómo quiere definirse a sí mismo. Mi objetivo al escribir este libro es ayudar a los padres a navegar a través de algunos de los asuntos que van surgiendo durante este periodo que es emocionante y difícil a la vez. Educar es difícil, y educar adolescentes lo es aún más. Entonces, por qué no hacer un frente común y compartir información que nos ayude a todos a mantenernos al tanto, y tal vez eso nos dé cierto alivio al saber que existen otros padres que también están atravesando por esta infame etapa de angustia de la adolescencia. He aquí algunas de las preguntas a las que respondo en los capítulos de este libro:

- ¿Por qué mi adolescente y yo discutimos tanto? ¿Cómo puedo aligerar el conflicto y mantener la unión? ¿Acaso ya no me quiere?
- ¿Por qué mi hijo adolescente quiere estar todo el tiempo con sus amigos? ¿Ya no nos ama?
- Mi hija *cree* que está enamorada. ¿Cómo sabe siquiera qué es el amor?
- La palabra «S»: No estoy segura, pero creo que mi hijo está teniendo SEXO. Eso me asusta a morir. ¿Qué tal que contrae una Enfermedad de Transmisión Sexual (ETS)? O peor aún ¿si me convierte en abuelo? ¿Cómo puedo manejar esto?
- Sé que es normal que sienta curiosidad por el alcohol y las drogas, pero ¿cómo enfrento esto sin ir demasiado lejos?
- Dejarlo volar: Mi hijo está a punto de ir a la universidad y me siento muy triste. No quiero ser una de esas mamás exageradas, pero ¡soy un desastre emocional!

Por favor considera que, aunque mi formación es de psicóloga del desarrollo y tengo amplia experiencia en investigación, enseñanza, y he escrito bastante sobre adolescentes y educación, mucho de lo que escribo en este libro lo hago desde mi perspectiva como *madre*. A pesar de que incluyo mucha información basada en investigación, mi objetivo es identificarme con otros padres y aportar algo de luz en los temas que enfrentan. Al leer *Cómo lidiar con la ansiedad de tu hijo adolescente*, espero que puedas sentirte identificado, aprender y ¡divertirte!

1
LA CAÍDA DEL PODEROSO:
COMPRENDE LOS CAMBIOS MASIVOS QUE OCURREN EN TU FAMILIA

CUANDO MI HIJA SOPHIA ERA PEQUEÑITA, solía mirarme con sus grandes y hermosos ojos azules y decir: «Mami, eres *taaaaan* lista... ¡Lo sabes todo!» Yo sonreía y asentía. Acostumbraba seguirme por todas partes constantemente, preguntando sin parar sobre cualquier cosa, sobre todas las cosas. Todas sus preguntas comenzaban exactamente de la misma forma: «... y, mami, ¿por qué los peces pueden respirar debajo del agua y nosotros no?»; «...y, mami, ¿cómo es que los dulces hacen que se te caigan los dientes?»; «...y, mami, ¿por qué Thomas tiene pene y yo no?». Y yo veía cada pregunta como una oportunidad de impartir mi gran sabiduría a mi hija, tanto para satisfacer sus tendencias de esponja humana, como para asegurarme de que estaba cumpliendo mi parte al crear un individuo bien informado, responsable y pensante. Sentía que ésta era mi contribución al futuro, a la sociedad y al mundo.

A Sophia poco le importaban mis credenciales o cuántos años había asistido a la universidad. No consideraba que yo tuviera muchos años de experiencia y que hubiera cometido muchos (y quiero decir muchos) errores en mi vida. Todo cuanto ella sabía en ese entonces es que yo tenía respuestas a sus múltiples preguntas, que ella lanzaba como estrellas fugaces de las Leónidas. Me sentía como la Mujer Maravilla, con sus brazaletes indestructibles a prueba de balas, que absorbían el impacto de las infinitas preguntas y disparaba respuestas llenas de una sabiduría que incluso iba más allá de mis años.

Confesión secreta: en ocasiones criar a mis hijos pequeños era absolutamente grandioso para mi ego. Mi hija tenía razón: ¡Yo *soy* taaaaan lista, y yo *sé* todo! Sin embargo, otras veces le decía a Sophia y a sus tres hermanitos «De acuerdo, al menos durante la siguiente hora nadie tiene permitido decir la palabra *mamá*». Estoy segura de que, como padres, también se sienten identificados. En esos momentos me sentía abrumada, dudosa y, en más de una ocasión, sentí que estaba colgando de una cuerda a punto de romperse.

Sin importar la edad de tu hijo, ser padre puede ser un trabajo duro. De hecho, encuentro que la experiencia de ser padre es todo un acertijo. Un minuto puedes sentirte en la cima del universo de la crianza, responsable y brillante por la forma en que estás educando a una persona que crees que será el próximo ganador del Premio Nobel de la Paz. Y al minuto siguiente te sientes invadido por una ola tamaño tsunami con dudas e inseguridades respecto a tu hijo y del potencial desastre que causarás con un simple error. ¡Es... demasiada... presión!

En ninguna parte del manual de instrucciones (¡sí, cómo no!) dice que ser padre es sencillo. Es un trabajo agotador que, con frecuencia, te llena de dudas y angustias sobre si estás haciendo una labor suficientemente buena ante la monumental tarea de criar a otro ser humano. Como dice mi madre, «ser padre no es para cobardes», y tiene toda la razón. Después de todo, sería más fácil dejar que el niño se sentara frente al televisor durante unas horas, cuando estamos tan exhaustos que nos es imposible levantarnos de la cama. Y en lugar de realizar todo el esfuerzo que implica una paternidad consciente y comprometida, sería mucho más fácil dejar que nuestros adolescentes hagan lo que quieran sin supervisión y sin preocupaciones. Pero tengo la impresión de que estoy sermoneando al coro, porque si estás leyendo este libro, estás comprometido; te importa, estás dispuesto a hacer el trabajo. Pero el punto es que cuando mis hijos eran pequeños, yo estaba en un colosal pedestal de oro. De hecho, sí era yo *la más* lista, *la más* alivianada, *la más* bella mujer del planeta, y eso se sentía endiabladamente genial.

Lo que no preví fue qué tan abajo llegaría cuando cayera de ese pedestal. Y desde luego, así sucedió. Conforme mi hija fue creciendo y entrando en ese abismo llamado adolescencia, comenzó a buscar las respuestas en otra parte: en sus amigos, en su teléfono, en Google, en Twitter. Me recuerda la famosa cita de Mark Twain: «Cuando tenía 14 años, mi padre era tan ignorante que apenas podía soportar estar cerca del viejo. Cuando cumplí 21, me sorprendió lo mucho que el viejo había aprendido en siete años». En lo que me pareció un abrir y cerrar de ojos, pasé de ser la mamá más lista de la historia de la maternidad a escuchar comentarios como: «¡Uy!, mamá, simplemente no entiendes...» y «Mamá, ni te apures... no lo entenderías». Ambas frases, por supuesto, acompañadas por el clásico y conocido «ojos para arriba» que los adolescentes parecen haber perfeccionado a través de los años.

Corro el riesgo de crear un malentendido, así que permíteme decir que ser padre de hijos adolescentes no es lo máximo para tu ego. Aun con títulos, maestrías y doctorados en psicología, yo, al igual que el padre de Twain, aparentemente perdí varios puntos de IQ a lo largo del desarrollo de mis hijos. ¿Qué más da? Sigo siendo la misma persona, la misma mujer que trabaja duro para ser respetada académicamente, comprometida con su familia y que adora a sus hijos. Si acaso, me he vuelto aún más lista, con más experiencias de vida bajo la piel. Pero la verdad es que, conforme los hijos alcanzan la adolescencia, sus perspectivas cambian y no en nuestro favor... ¡lo siento, papás! Ante los ojos de mi hija adolescente, yo, un ser humano vivo que respira y tiene un cerebro, he sido reemplazada por un *smartphone*. Así, tal cual. Una *persona* inteligente ha sido reemplazada por un *teléfono* inteligente. Esto, compañeros padres, es triste pero es real. Adiós a ser la persona más lista en la tierra... por ahora.

Al decir que he sido reemplazada por un teléfono, no me refiero necesariamente a la tecnología en sí misma, ya que los teléfonos en estos días *pueden* ser condenadamente entretenidos. Yo misma acepto mis placeres culpables, como los juegos o las redes sociales que reviso de forma regular. Me refiero a la manera como los utilizan los adolescentes para comunicarse: mandan textos, tweets, usan Snapchat e Instagram, «hablan» *a* la gente, pero no *con* ella. Ante el riesgo de parecer de cien años, afirmaría que los adolescentes de hoy en día nunca levantan la vista de la pantalla si no es para cubrir sus necesidades básicas de sobrevivencia como comer y dormir. En serio, ¿quién necesita tener una conversación frente a frente con la persona delante de ti, en especial tu madre, si tienes otras cinco conversaciones simultáneas en tu teléfono? (Todas ellas monumentalmente más interesantes e importantes para ti cuando tienes 15 años).

De vuelta a la cruda realidad de que no soy una mamá genio, también fui hija. Existen razones científicamente probadas para esta ruptura relacional entre padres y sus hijos adolescentes. Además de la brecha tecnológica que desvirtúa la comunicación cuando los chicos tienen teléfonos inteligentes, los adolescentes comienzan a experimentar grandes cambios en ellos mismos. De hecho, son estos cambios el núcleo de lo que es ser un adolescente. El periodo de desarrollo de la adolescencia consiste en transiciones mayores, y éstas suceden en tres dominios diferentes: biológico (¡pubertad!), cognitivo (¡actitud!) y social (¡amigos!).

EL PANORAMA CAMBIANTE DE LA ADOLESCENCIA

Habrás advertido algunas de estas transformaciones en tus propios hijos, conforme suceden ante tus propios ojos. En primer lugar, el niño atraviesa la pubertad, y esto no solamente crea una mayor fluctuación en los niveles hormonales (lo cual impacta en su humor... terrible ¿cierto?), sino que también ha intimidado a los padres desde que su pequeña princesa usó ese bikini de lunares talla dos cuando era una bebé. Recuerdas cuando le tomabas fotografías con sus piernas regordetas y esa barriguita que no desaparecía. Ahora tu bebé pospúber parece todo un mujerón con su bikini, que no es mucho más grande del que usaba cuando tenía dos añitos. Ahora se ve mayor, actúa como mayor, y quiere ser tratada como mayor. Hablaré más sobre la pubertad y todos sus maravillosos y atemorizantes detalles en el capítulo 4.

En segundo lugar, el pensamiento de los niños se hace mejor y más refinado conforme alcanzan la adolescencia. Recuerda, esto es algo bueno. No estoy hablando de que sus cerebros se hagan más grandes, porque sabemos que para cuando tu hijo tenía seis años, su cerebro ya había alcanzado el 95 por ciento de su tamaño adulto. Lo que quiero decir es que, en realidad, el *pensamiento* del adolescente es mucho más maduro, y los procesos implicados en su pensamiento son significativamente más eficientes cuando el chico alcanza la adolescencia. Nuestros adolescentes empiezan a pensar mediante sus propios procesos de pensamiento (llamados metacognición) tal como *tu* proceso de pensamiento (llamado desafío). Aquí es donde la cosa se pone peligrosa. Tu adolescente ya no acepta tus respuestas como un hecho irrefutable. Caes del pedestal. Ahora cuestiona todo. Todo. Éste es el mayor logro en el desarrollo cognitivo de los adolescentes, pero para ti como padre, significa un periodo de duda constante, de especulación y de polémica porque ahora tu hijo cuestiona todo lo que sale de tu boca. En estas ocasiones utilizas esas frases que juraste jamás decirlas: «¡Porque lo digo yo, por eso!» o «¡Porque soy *tu madre*, por eso! o «¡Porque soy *adulto*, por eso!» Y también esas veces en que te preguntas: ¿qué pasó con esos días cuando mi pequeña pensaba que era *taaaaan* lista? ¡Bua! Como sé que muchos de ustedes, como padres de adolescentes, buscan respuestas de manera desesperada a estas preguntas, entraré mucho más en detalle acerca de los cambios en la cognición de sus hijos en el capítulo 2, y abordaré el conflicto padre-adolescente en el capítulo 3.

Y, desde luego, no olvidemos el mundo social del adolescente. No nos debería de sorprender si en lugar de querer pasar tiempo con sus padres o con su familia, el adolescente prefiera pasar más tiempo con sus amigos, o solo. Esto es algo típico en ellos. Recuerdas ese sentimiento ¿no es así? Estar sentado por obligación en la cena familiar, o peor aún, el tortuoso «tiempo de calidad» con los papás y sus amigos y los hijos de sus amigos (con quienes se suponía que debías entablar amistad). Todo lo que podíamos hacer como adolescentes, era contar los segundos hasta que terminara y pudiéramos salir con nuestros verdaderos amigos. Los años de la adolescencia son aquellos de la búsqueda de nuestra libertad. Las interacciones sociales del adolescente —salir con amigos, comenzar a ver chicos y chicas guapos y, claro, pasar cantidades obscenas de tiempo en las redes sociales más populares— se convierten en la máxima prioridad.

Este cambio en las necesidades sociales no es una indicación de que tu hijo ya no te ama a ti o a tu familia (a pesar de la clara evidencia de lo contrario), porque a su modo los adolescentes realmente aman y aprecian a sus padres. Pero pasar tiempo con sus amigos, haciendo lo que sea que hagan en esa fraternidad, de la que los adultos no forman parte, es lo que necesitan justo ahora. «¿Necesitan?», preguntas tú. Sí, necesitan. Aquí es donde se produce el desarrollo psicosocial. Empiezan a averiguar quiénes son, quién los quiere y quién no, quién los acepta y quién no, todo dentro de su propio contexto social. Aquí es también donde aprenden los roles sociales (es decir, cómo ser un buen amigo o una buena pareja romántica), así como las reglas y normas sociales (qué está permitido y qué no). Los capítulos 5, 6 y 7 abordan diferentes partes del mundo social de los adolescentes, incluidos los grupos sociales de la escuela, la presión de grupo, la amistad, las relaciones románticas y el amor, y (respira hondo) la palabra «S»... la sexualidad del adolescente. A pesar del factor vergüenza inherente a algunos de estos temas, nosotros como padres de adolescentes, podemos beneficiarnos con discusiones abiertas sobre estos temas, de modo que podamos darnos cuenta de los enormes cambios que ocurren en la vida de nuestros adolescentes.

TRANSFORMACIONES EN CASA

Así como los adolescentes navegan a través de una serie de cambios y transiciones difíciles, del mismo modo lo hace la familia. Al mencionar la palabra «familia», vienen a mi mente muchas imágenes diferentes. En el mundo actual, hay familias en todas las formas, tamaños y variedades, y esto es algo hermoso. Entonces, cuando hablamos de los cambios que atraviesa la familia durante los turbulentos años de la adolescencia, no sólo me refiero a lo que muchas personas entienden como la «familia tradicional» —mamá, papá, dos o tres hermanos, perro, hipoteca; aunque claro, este tipo de familia también está incluida—, además pienso en padres solteros, parejas gay o lesbianas, abuelos que crían nietos y muchas otras variaciones del tema familia. El común denominador que estas familias comparten es que todas experimentan el peligroso goce de criar adolescentes. Desde luego, además de las diferentes alegrías y retos que implican los patrones «no tradicionales», las familias también difieren en sus actitudes y sistemas de creencias culturales y/o religiosas, lo cual presenta otra capa más profunda de las multifacéticas dinámicas familiares. Pero estas discusiones son para otra ocasión. Por ahora, consideraremos la experiencia general que muchas familias, en diversos contextos, comparten cuando tienen hijos adolescentes.

Si eres nuevo en esto de los adolescentes en casa, ya te habrás dado cuenta de que las cosas no son como solían ser. No sabes precisar exactamente cómo (bueno, tal vez sí), pero algo ha cambiado. Ha habido un cambio sutil y todo y *todos* en casa parecen un poco *fuera de lugar*. Si eres padre de un adolescente mayor, ya tienes experiencia en este extraño sentimiento, pero quizá no seas capaz de explicarlo, así que te pido sigas leyendo. Cuando nuestros hijos alcanzan la adolescencia, las relaciones al interior de la familia sufren serias transformaciones.

Al reflexionar particularmente en la relación padre-hijo, vemos que conforme el adolescente crece, comienza a tomar un papel más fuerte en la familia. Por lo general, nos damos cuenta de un desplazamiento de la relación asimétrica que los hijos tienen con sus padres, donde el pequeño Johnny hace exactamente lo que mami y papi le dicen que tiene que hacer; en vez de ello, hay un movimiento hacia una relación más igualitaria con los padres, en la que los adolescentes externan sus opiniones y puntos de vista y juegan un papel activo en la toma de decisiones. Dado que nos hemos acostumbrado a ser los «mayores» quienes, por necesidad, tomamos las decisiones diarias de la familia (grandes y pequeñas), casi siempre sin consultar a nuestros hijos, el hecho de que ellos quieran intervenir en cada asunto, desde qué comemos hasta qué coche compramos o a dónde vamos de vacaciones, causa que todo el sistema familiar salga de balance. Nos guste o no, debido a su propio desarrollo cognitivo, los adolescentes reconocen que tienen una voz basada en sus *propios* pensamientos y opiniones; también advierten que, por justicia (otra vez, gracias al desarrollo cognitivo), esta voz debe de ser escuchada y tomada en cuenta dentro de la familia. Como estos cambios en la dinámica familiar suceden rápidamente, al menos desde nuestra perspectiva, parece que sorprenden a los padres con la guardia baja, y nuestras reacciones suelen ser exasperadas y a veces llenas de frustración: «¡¿Qué está pasando?!»

No sólo de pronto se vuelven extremadamente vocales y libres de expresar su opinión, nuestros adolescentes además se tornan de algún modo distantes o lejanos, un duro contraste con el pequeño, amoroso y cariñoso niño que apenas ayer (okey, *parece* que fue apenas ayer), nos amaba y nos daba cientos de besos suplicándonos que le leyéramos otro cuento. Otro sello de la adolescencia es la distancia física y emocional; al menos de manera superficial, la cercanía que alguna vez compartieras con tu hijo, ahora se ve como un recuerdo vago. Claro está, los sentimientos de amor y compromiso en realidad siguen ahí, solamente están escondidos debajo de este nuevo exterior que la madurez física y cognitiva brindan. Esta distancia física y emocional, junto con el hecho de que tu adolescente se ve y se oye mayor (nótese que no dije *maduro*), pueden causar que el conflicto diario en casa se incremente... otro cambio dramático. Lo que todo esto significa es que, como el papel de tu hijo dentro de la familia está cambiando, también debes de cambiar tú. Muchos padres ven esto como una pérdida de poder, y el resultado en la dinámica familiar se centra en padres que luchan por el poder con sus adolescentes. Propongo pues una perspectiva diferente. Considera que al tornarse un poco distante tanto emocional como físicamente, al manifestar (continuamente) sus pensamientos y opiniones en los asuntos de familia, y al cuestionar cada decisión o juicio que haces como padre, tu adolescente simplemente está haciendo su trabajo. Para ser más claros, no sugiero darle carta blanca al comportamiento del adolescente, extendiéndole sus nuevas libertades más allá de los límites a costa de los demás; desde luego, deben de seguir existiendo reglas, límites y cortesía y respeto comunes. Pero como padres debemos comprender que estos cambios, tanto dentro del niño como dentro de la familia en su conjunto, son parte de un proceso normal de desarrollo.

Como yo misma me encuentro justo en esta etapa con mis hijos adolescentes, estoy bien consciente de que no es fácil tomar en sentido positivo el hecho de que los hijos constantemente cuestionen todo. En realidad, a pesar del entrenamiento formal que me ha llevado a ser «experta en adolescentes» y del conocimiento y la maestría que me da la experiencia de haber criado ya a dos adolescentes, sigo luchando con las dificultades que mi familia atraviesa mientras mis hijos crecen y se desarrollan cada día. Lucho porque es difícil mantenerse firmes en una plataforma que cambia continuamente. Pero como familia hemos aprendido a ajustarnos y a apreciar que el simple hecho de que mis hijos adolescentes sean capaces de discutir y cuestionar, y que esperan que su voz sea escuchada, refleja desarrollo; y este movimiento de avance hace que mi familia sea más fuerte y mejor.

Y ADEMÁS ESTÁ EL SUEÑO

Otro gran cambio ocurre cuando nuestros hijos alcanzan la adolescencia, y tiene que ver con los patrones del sueño. Los patrones de sueño y el despertador matutino pueden no parecer tan significativos como para merecer toda una sección en un libro, pero déjame decirte que sí lo son. Si consideras la historia de terror que implica despertar a un adolescente —con los retrasos en la escuela, trabajo, reuniones y, por supuesto, el estrés que implica iniciar el día tarde y discutiendo con él—, te darás cuenta de que los patrones de cambio de sueño ¡sí son importantes y debes saber de ellos!

¿Recuerdas la última vez que dormiste de tirón? Después de todo ¿qué significa dormir de tirón? Mi hermano menor afirma que la imposibilidad de dormir después de las nueve de la mañana como adulto es un signo inequívoco de que nos estamos haciendo viejos. Eres *realmente* viejo si no puedes dormir más tarde de las siete. Conforme a esos estándares, ya estoy cerca de los 90 años. Normalmente me burlo de esas tonterías basadas en la edad, pero ¿sabes qué? Creo que mi hermano menor tiene un buen punto.

Piensa cuando eras adolescente y podías dormir todo el día. Recuerdo que dormía hasta la una o dos de la tarde y despertaba completamente fresca, y ese mismo día era capaz de tomar una siesta en el sillón. Mi cama *sí* que se sentía mucho más cómoda en las mañanas cuando yo era adolescente. Desde luego, esto sólo sucedía cuando mis padres no estaban en casa; por alguna razón sigo sin averiguar por qué mi mamá y mi papá creían en verdad que un adolescente que dormía más allá de las ocho de la mañana era la falta de respeto más irreverente a los adultos que no podían dormir. Esto desataba una gran cantidad de juicios sobre el tiempo y su mal uso: «Ya se te fue todo el día y lo desperdiciaste y el tiempo no vuelve atrás...» Y todo servido con una buena dosis de culpa mientras, inevitablemente, traían a colación a todos aquellos adolescentes pobres que trabajaban al lado de sus padres en labores manuales e iniciaban su jornada a las cinco de la mañana, trabajando por unos cuantos céntimos, «mientras tú, vaquetona, estás en la cama tiradota todo el día»; ¡bua!... así eran mis días. Ahora la única forma en que puedo quedarme en mi cama más allá de las ocho de la mañana, sin ningún tipo de interrupción, es mediante un coma inducido (léase Tylenol PM o Benadryl). Incluso así, me siento afortunada si llegó hasta las ocho de la mañana. Creo que sólo es una de las ventajas de hacerse mayor. Gracias por el dato, hermano.

En cambio, los adolescentes de mi casa, parece que duermen durante días y días. Y, a diferencia de mis padres, no me importa. Estoy consciente de su transición de la adolescencia a la edad adulta (en la que, desde luego, su habilidad para dormir disminuirá) y por tanto sus horarios de sueño han cambiado, y aun cuando duerman nueve, diez o doce horas en un fin de semana, siguen operando con un serio déficit de sueño. Quizá te hayas dado cuenta de que, al llegar tu hijo a la segunda década de su vida, todos tus esfuerzos para establecer horarios nocturnos —volver a casa, apagar el celular, o terminar de usar la computadora— se topaban con una ola de desacuerdos como «Mamá, ¡la fiesta empieza hasta las once!» o «No me da sueño antes de la media noche y no puedo dormirme, ¿qué quieres que haga, quedarme ahí sentado aburriéndome?».

Los adolescentes normalmente despiertan a la una de la tarde listos para socializar con sus amigos, quienes también despertaron a esa hora. Por varias razones, sus patrones de sueño han cambiado. ¿Dónde estamos los padres? Roncando en la otra habitación, pretendiendo que los esperamos y de ese modo seguir con nuestras reglas y nuestros horarios. Y como no duermen bien durante los días de escuela, porque a la una de la mañana siguen encantados enviando mensajes de texto, cuando se supone deberían dormir, levantarlos no es un trabajo placentero. Otra sutileza, ya lo sé. Si tienes un adolescente en casa, que tiene que levantarse para ir a la escuela, sabes exactamente de qué estoy hablando. Cuando tengo que despertar a mi hijo de 19 años a las nueve de la mañana, es como entrar en la guarida de un oso justo en medio de su periodo de hibernación. Y no importa qué tan amable o gradualmente trate de hacerlo, él se pondrá hecho una furia casi con una certeza del 99.9 por ciento. Así que he decidido que esta situación, como muchas con mis adolescentes en este escenario siempre cambiante, no sea un tema del que debo hacer un drama. Poniéndolo de modo simple, conforme mis hijos se trasforman en adolescentes, he decidido sencillamente dejarme llevar por la corriente.

Hay muchas otras cosas que debes hacer y por las cuales preocuparte como padre de familia, y necesitas poner este comportamiento en perspectiva. He aquí algunos consejos que te ayudarán a hacer ese ajuste: *1)* recuerda cómo te sentías de adolescente, y acepta/respeta que tu hijo está justo ahí en este momento; *2)* trata de no tomarte de manera personal sus gruñidos y sus refunfuños cuando tengas que enfrentarte con el oso furioso; y *3)* proporciónale un reloj con alarma y recuérdale que, si va tarde a la escuela, al trabajo o lo que sea, tendrá que pagar las consecuencias naturales de ello. Las consecuencias naturales incluyen: muchos retardos se pueden trasformar en ausencias y muchas ausencias pueden convertirse en escuela de verano... ¡qué asco! O muchos retardos en el trabajo significan perder el empleo, y no tener empleo significa no tener dinero para gastar o para salir. La adolescencia es la etapa perfecta para que nuestros hijos empiecen a ser responsables por sus acciones o inacciones, según sea el caso. Cuando permites que las consecuencias sigan su curso, tu adolescente aprende a ser responsable, y tú, mi querido amigo, ya no tienes que temer a ser devorado por un oso cada mañana.

LA LUZ AL FINAL DEL TÚNEL

Tal vez actualmente tus niveles de cortisol estén por las nubes y te sientas al borde de un ataque de nervios acerca de esta cosa de *criar adolescentes*; y no te culpo. Sé exactamente cómo te sientes; tres de mis cuatro hijos han pasado por o están justo a la mitad de este periodo caótico y en ocasiones turbulento que llamamos adolescencia. Pero heme aquí para decirte esto: ten fe, porque hay buenas noticias. Y esto no solamente lo sé porque lo he experimentado yo misma, también porque ha sido estudiado y demostrado por investigadores alrededor del mundo. ¿Estás listo? La buena noticia es: *las cosas van a mejorar y a calmarse, y todo va a estar bien*. En serio. El hecho es que la mayoría de personas con adolescentes superan muy bien este loco periodo de desarrollo, sin efectos severos o de largo plazo para la familia o para la relación. La relación entre padres y sus hijos no permanece intacta, pero, y más importante aún, ¡mejora! En realidad depende de nosotros, con nuestro lóbulo frontal en pleno funcionamiento, que no perdamos la oportunidad de apreciar las pequeñas cosas positivas de la vida, conforme nuestros hijos transitan plenamente hacia la vida adulta.

A menudo estamos ocupados y abrumados por la vertiginosa velocidad a la que se mueve la vida (y parece que incluso va más rápido cuando tenemos adolescentes), pero tal vez podamos emplear esos lóbulos frontales maduros que tenemos de forma propositiva y pensante, para desacelerar un poco y aceptar lo que sucede a nuestro alrededor. Mientras tu hijo atraviesa cambios monumentales en su desarrollo, puedes empezar a apreciar el nuevo nivel de madurez del amor entre ustedes, el cual sirve para fortalecer su futura relación.

Pongamos un caso: mi hija Suzie a sus 20 años. Se graduó de la universidad, trabaja en su carrera y vive de forma independiente. Se ha convertido en una mujer fuerte, inteligente, hermosa, autosuficiente, y yo no podría estar más orgullosa. Sin embargo, durante su adolescencia, tal como su hermana Sophia y muchos otros adolescentes, Suzie pensaba que yo era intelectualmente deficiente como el padre de Mark Twain. ¡Oh, sí! Recuerdo como si fuera ayer, cómo echaba los ojos para arriba y murmuraba mientras resoplaba. En

cambio ahora, al menos una vez por semana, salimos a charlar y tomamos margaritas. Sí, dije charlar... refiriéndome a una conversación
cara a cara, como personas adultas. Confía en mí, y yo en ella. Somos
mucho más que madre e hija, somos buenas amigas. La relación que
tenemos ahora, con todo y los altibajos de la adolescencia, bien vale
el tiempo, la energía y el esfuerzo. No lo cambiaría por nada y estoy
a punto de atravesar lo mismo con Sophia. Así que abróchense los
cinturones, papás, porque a pesar de que el viaje pueda ser por momentos muy accidentando, lo mejor está por llegar... ¡se los prometo!

2
¿EN QUÉ RAYOS ESTÁN PENSANDO?:
COGNICIÓN ADOLESCENTE

RECUERDA CUANDO TENÍAS TRECE AÑOS. ¿Te puedes ver? Ahora piensa en cómo solías pensar entonces. No es un acertijo o un experimento psicológico. Quiero que pienses en las diferencias de tu pensamiento actual, comparado con lo que pensabas cuando eras adolescente. No sólo en el contenido, porque como adultos, evidentemente nos enfocamos en cosas que tal vez de adolescentes no ocupaban nuestra mente. Más bien enfócate en el proceso mismo de pensar, y en la cualidad y eficiencia de tus pensamientos. Decir que tanto la calidad como la cantidad del pensamiento cambian considerablemente conforme crecemos es demasiado obvio. Lo mismo es cierto respecto a los cambios en la cognición cuando comparas el proceso de pensamiento de un niño con el de un adolescente. En este capítulo abordaré varios aspectos a los cuales a los psicólogos nos encanta dar importancia, investigarlos y debatir sobre ellos. Quiero compartir contigo cómo operan en la vida real los cambios en la forma de pensar de un adolescente respecto a sus perspectivas y a la toma de decisiones. Después de leer esto, podrás incluso empezar a notar algunos cambios en tu propio hijo.

Pensar acerca del proceso de pensar se llama metacognición. No permitas que la palabra te asuste. Sígueme. De lo que vamos a hablar es sobre el enorme avance en el desarrollo cognitivo que alcanza tu hijo cuando llega a la pubertad. También abordaremos el tema que los jueces, los tutores de jóvenes y los padres suelen preguntar diariamente: «¿Por qué si este chico es tan inteligente, hace cosas tan estúpidas?» Llamamos a esto toma de riesgos del adolescente. Pero antes, una historia.

Un día entré en la sala de estar y encontré a mi hija Sophia y a su hermano menor Gabriel viendo televisión y comiendo un tentempié. En ese entonces Sophia tenía 13 años y Gabriel tres. Apenas dos minutos después de que llegué, Sophia accidentalmente tiró su vaso de leche derramándola sobre el piso. Mi respuesta de mamá que acaba-de-volver-del-trabajo-exhausta fue: «¡Uy!, qué bien, Soph». Imagina esto dicho con el tono más sarcástico posible. La respuesta inmediata de Gabriel al escucharme fue: «Sí, ¡qué bien, Sophie...!» Al decirlo, aplaudió de la forma más sincera; mi pequeño hijo de tres años en verdad estaba alabando a su hermana, en tanto yo sólo le di una palmadita en la espalda. Él fue testigo de la misma escena y escuchó mis palabras, pero no comprendió el sarcasmo. En cambio Sophia, sin duda sabía que yo *realmente* no estaba alabándola por haber derramado la leche, y respondió a la defensiva con un «Ay, mamá, fue un accidente» ¿Por qué es así? ¿Cómo una niña de 13 años capta el sarcasmo y un pequeño de tres no? La respuesta está en el desarrollo cognitivo.

SALTOS COGNITIVOS

Para nosotros los psicólogos la cognición y el cerebro es todo un tema. Nos entusiasmamos cuando otro investigador sabihondo descubre algo nuevo sobre el cerebro y cómo impacta en el comportamiento. Los psicólogos del desarrollo, en particular, nos emocionamos cuando discutimos sobre cómo nuestro cerebro y nuestro pensamiento (y desde luego, nuestros comportamientos) crecen, cambian y se desarrollan con el tiempo, conforme nos vamos haciendo mayores y más maduros. Lo que ejemplifica mi pequeña anécdota sobre la leche derramada no es cuán encantadores son los niños, aun cuando debo admitir que sí lo son, aunque derramen la leche en el piso. Más bien ofrece un buen ejemplo de los principales avances en la cognición que ocurren desde que somos niños hasta cuando atravesamos el maravilloso periodo de la adolescencia. Las principales ventajas que los adolescentes tienen sobre los niños en su pensamiento son, en primer lugar, que pueden pensar en posibilidades. Lo que quiero decir es que el pensamiento de los niños normalmente se basa en eventos concretos y observables, en cambio los adolescentes pueden pensar en situaciones hipotéticas y en lo que «podría ser». Los adolescentes pueden pensar en futuras posibilidades, junto con diferentes resultados potenciales asociados con dichas posibilidades. Así, por ejemplo, pueden pensar acerca de qué alternativas de carreras tienen en el futuro y realmente comenzar a extrapolar lo que sería la vida como maestro en lugar de como abogado.

En segundo lugar, los adolescentes pueden comprender totalmente los conceptos abstractos. Como adolescentes nos volvemos mejores para ir desde las ideas abstractas hasta puntos bien específicos, una habilidad cognitiva con la que no éramos buenos de pequeños. Nuestro rango de pensamientos se vuelve bastante más expansivo y, como adolescentes, podemos pensar en términos amplios y al minuto siguiente enfocarnos con precisión en detalles específicos. Los adolescentes tienen la habilidad para entender la lógica abstracta superior inherente a los juegos de palabras, proverbios, metáforas y analogías. Piensa en las películas de Disney y Pixar creadas para los más pequeños. Estas películas suelen estar cargadas con juegos de palabras, metáforas y dobles sentidos que pasan desapercibidos para sus pequeñas cabecitas. Sin embargo, los adolescentes y los adultos captamos la sutileza del humor sin ningún problema.

Considera el siguiente escenario: Sophia (catorce años), Gabriel (cuatro años) y yo estamos viendo la película *Cars* por enésima ocasión, y llega la escena donde, después de terminar la carrera, Rayo McQueen se acerca a dos pequeñas fanáticas de los autos. Las dos pequeñas Miatas se presentan ante Rayo McQueen diciendo «Hola, yo soy Mia. Hola, yo soy Tia, somos tus más grandes admiradoras... ¡¡Ka-Chow!!», y al mismo tiempo le echan las luces con sus faros. Apenas terminó la escena, mi hija Sophia exclamó: «¡Cielos!, no puedo creer que pongan ese tipo de cosas en las películas para niños»; Gabriel no tenía ni la más remota idea de por qué su hermana estaba tan enfurruñada. Lo que Sophia había pescado era, desde luego, que Mia y

Tia al echarle las luces a McQueen significaba que... bueno, imagino que ya lo entendiste también. La astucia cognitiva de la adolescente en casa estaba indignada, y su pequeño hermano estaba despistado.

¿Por qué se incorporan este tipo de mensajes ocultos en las películas para niños, especialmente si esos mensajes ocultos no son comprensibles por su principal audiencia? La respuesta es que los realizadores de estas películas (y su equipo creativo de psicólogos cognitivos) están muy conscientes de que, aunque su audiencia específica sean niños pequeños con una cognición menos desarrollada, sus padres e incluso los hermanos mayores de los pequeños se verán obligados a ver estas películas una y otra vez. Así que, ¿por qué no brindar algo de diversión a la audiencia mayor con una cognición más madura que también pueda disfrutar? Genial. ¡Una de las muchas razones por las que se forran de billetes!

Otra forma en que el pensamiento de los adolescentes es superior al de los niños, es que ellos pueden pensar en múltiples dimensiones, lo cual significa que ahora pueden ver situaciones de maneras mucho más complicadas, y no sólo un aspecto a la vez. Han desarrollado la habilidad de ver las cosas en forma relativa y no absoluta. Y han comenzado a ver las cosas desde la perspectiva de otros y no solamente desde la propia. Los niños pequeños ven las cosas en términos absolutos, sea en blanco o en negro, mientras que los adolescentes pueden ver toda la escala de grises que hay en medio. Debido a esta habilidad intelectual recién adquirida, el escepticismo se vuelve común durante la adolescencia, y los adolescentes empiezan a cuestionarlo *todo*.

Cuestionan, por ejemplo, por qué los padres imponen ciertas reglas y no otras, y por qué, cuando el hermano mayor se sale con la suya, lo tratan de manera diferente. Cuestionan si los hechos son los hechos y qué tipo de información es consistente y cuál no la es. Y, por supuesto, cuestionan las fuentes de información. Dígase, de los padres. Durante este emocionante periodo de avance cognitivo, tu adolescente está haciendo un excelente trabajo de monitoreo sobre la validez y confiabilidad de tu pensamiento, de tus decisiones y de tus comportamientos; y no sólo hacen estos juicios en el presente, también piensan en el pasado y elaboran comparaciones a través del tiempo. (Impresionante; te dije que era toda una habilidad.) Esto significa desde luego, que nosotros, los padres, estemos casi siempre a la defensiva. ¡Bienvenido a las delicias de criar a un chico con madurez cognitiva! Aquí es donde muchos padres empiezan a preguntarse si esto del adolescente cuestionador es realmente bueno o no. En el capítulo 3 profundizaremos a detalle sobre cómo este fenómeno impacta de manera negativa los nervios de los padres y cómo detona conflictos entre padres e hijos adolescentes.

Finalmente, una de las principales ventajas que tienen los adolescentes sobre los niños, cuando de pensar se trata, es que los adolescentes son altamente metacognitivos. Los adolescentes constantemente monitorean su propia actividad cognitiva durante el proceso de pensamiento, lo que los lleva a una serie de cosas: incremento en la introspección, invierten tiempo pensando (mucho) sobre sus propios sentimientos y emociones; incremento en su autoconsciencia, obsesionándose por lo que otros piensan acerca de ellos; incremento en su intelectualización, donde piensan sobre sus propios pensamientos, habilidades intelectuales y ejercitan sus recién formados músculos cognitivos. Esto es, como mencioné anteriormente, un logro mayor para los adolescentes.

Te dije que recordaras que esto es *bueno* ¿cierto? Porque todo este logro intelectual no llega sin un obstáculo potencial. Lo que también sucede cuando los adolescentes crecen en metacognición es que pueden hacerse extremadamente egocéntricos. Ya sabes a qué me refiero. Es el periodo en que los padres piensan «¿cómo es posible que esta persona, a la que di la vida y amo con todo mi corazón y con toda mi alma, sea tan endemoniadamente egoísta?». Bueno, este pensamiento ha cruzado por mi mente muchas veces con mi propia hija. No me malinterpretes, no todos los adolescentes son igualmente egocéntricos, la mayoría de ellos (incluyendo los míos) también pueden ser muy atentos y generosos. Pero hay ocasiones en que los padres nos quedamos pasmados con tanto «yo, yo, yo» de nuestros adolescentes.

Otro gran obstáculo es lo que llamamos el «público imaginario». Esto es cuando tu adolescente siente que todos a su alrededor, especialmente aquellos amigos que más le importan (sus pares), ven y juzgan cada uno de sus movimientos. Los adolescentes se preocupan demasiado por lo que otros piensan de ellos, de modo que esto literalmente puede influir en *cada* paso que den, sea por temor al ridículo o simplemente para agradar o ser admirados los otros. El público imaginario influye en lo que usan, cómo actúan, a quién ven, y también ayuda a explicar las interminables horas frente al espejo.

Respecto a obstáculos potenciales, guardé lo mejor para el final: la *fábula personal*. Esto sí son palabras mayores. La fábula o mito personal es básicamente la idea de que el comportamiento, las decisiones y las experiencias son exclusivos de él, y cuando considera las posibles consecuencias negativas de estos comportamientos, la respuesta de la persona es: «Uhmmm, eso no me va a suceder a mí». Imagina escuchar la siguiente conversación entre dos chicos de secundaria justo antes del fin de semana:

—Oye, ¿supiste que Matt acabó arrestado por tomar y conducir el fin de semana pasado?

—Sí, hombre, qué idiota. Oí que se puso borrachísimo con cerveza y tragos de Jäger en la fiesta de Olivia, y luego estrelló el Mercedes Benz de su papá ¡contra un poste! ¡Está frito!

—Sí, ¿qué te parece? Y... ¿qué planes tienes para el fin de semana?

—Mira, hombre, me prestaron el carro de mi mamá y me lo voy a llevar a una mega fiesta que va a ser ¡todo un destrampe! ¡Me voy a poner bien ahogado en alcohol!

—Oye, pero ¿no te da miedo que te arresten como a Matt? Escuché que la policía está rondando.

—Uhmmm, eso a mí no me va a suceder. Él es un idiota y por eso lo agarraron. Soy mucho más listo que él.

Y esto, mis queridos padres, es un ejemplo de una fábula personal. Como pueden ver, esta línea de razonamiento (si es que puede llamársele así) es endeble. Pero muchos, muchos adolescentes, emplean exactamente la misma lógica (si puede llamarse así) para justificar sus decisiones y sus comportamientos posteriores. Para ser totalmente justos, debemos señalar que este razonamiento erróneo no se limita sólo a los adolescentes. A pesar de que ellos parecen llevarse las palmas en la toma de malas decisiones y de riesgos ridículos, algunos adultos comenten también el mismo crimen cognitivo proverbial. Más sobre esto más adelante.

CORRER RIESGOS

La fábula personal es solamente una posible explicación de por qué los adolescentes toman decisiones «estúpidas» y se involucran en comportamientos peligrosos y arriesgados (uso aquí las comillas porque la palabra *estúpido* es un término de juicio, pues lo que puede ser estúpido para muchos, para otros es una genialidad). Cuando los adultos preguntan con total desconcierto: «Si está tan "avanzado cognitivamente", ¿por qué entonces toma decisiones tan tontas?», la respuesta es multifactorial. Hay muchas combinaciones de variables que confluyen como una tormenta perfecta y causan que los adolescentes se pongan en riesgo.

Antes de abundar más en otras posibles explicaciones sobre el comportamiento de los adolescentes, vamos a considerar el término *riesgo*. ¿Qué quiero decir con un comportamiento adolescente riesgoso? ¿Lanzarse de paracaídas? ¿Qué tal el bungee? A pesar del obvio nivel de riesgo de estos ejemplos, a lo que me refiero en realidad es a comportamientos tales como conducir bajo la influencia de sustancias, las carreras de autos en caminos peligrosos, tener sexo sin protección con múltiples parejas, o usar drogas ilegales, sólo por mencionar algunos. Cada semestre pregunto a mis estudiantes de Psicología de la Adolescencia que mencionen las últimas tendencias en comportamientos riesgosos entre los adolescentes. En otras palabras, ¿qué tipo de riesgos les parecen populares *hoy* a los adolescentes? Y cada semestre, sin fallar, me sorprendo con la última tendencia en comportamientos riesgosos. Ya sé que sientes curiosidad, así que he aquí algunas de las últimas tendencias (tal vez querrás estar bien sentado para leer esto):

- Alcohol: «Vodka en los ojos» —cuando alguien permite que otras personas (amigos en una fiesta) pongan vodka directamente en sus ojos, lo cual, según informes, causa que la persona se sienta alcoholizada mucho más rápido porque el alcohol entra directamente en el torrente sanguíneo a través de las venas oculares. Y por si esto no bastara, otra tendencia es insertar alcohol altamente concentrado a través de otros orificios (piensa en regiones bajas) para el mismo efecto. Sí, es cierto.

- Drogas: «Molly» —tomar esta droga, que es esencialmente éxtasis en polvo (ambos son estimulantes MDMA), justo antes de ir a una fiesta, un concierto o al antro con amigos, hace que la persona sienta que *todo el mundo* es su amigo, que *todo* se sienta bien, y está lista para pasar *toda* la noche de fiesta.
- Conducir: «Carro fantasma» o «Surfear» —cuando una persona sale de su auto mientras el vehículo sigue en movimiento y baila o corre al lado o encima del auto, sin conductor al volante, de preferencia frente a otros adolescentes.

COMPRENDE LAS DECISIONES DE LOS ADOLESCENTES

¿Ahora entiendes por qué la gente usa el término «estúpido?» ¿Son alarmantes estos ejemplos? Sí, lo son. ¿Son reales? Sí, lo son. Sin embargo, esto no significa que todos los adolescentes se involucren en tales comportamientos (yo, como la mayoría de los padres, estoy 100 por ciento segura de que *ninguno* de mis hijos jamás haría algo tan irresponsable o peligroso), pero muchos de ellos sí lo hacen. La pregunta es ¿por qué? Antes de abordar posibles explicaciones, considera este escenario no tan improbable:

John es el típico adolescente de 15 años en la preparatoria. Sus padres salen de la ciudad durante el fin de semana, y él decide invitar a algunos amigos para una pequeña reunión de viernes por la noche. Les dice a algunos pocos amigos, y ellos a su vez a otros pocos, y antes de darse cuenta, hay más de 50 personas en casa de John. Algunos llevan cerveza, otros licores y más amigos, otros llevan drogas recreativas. John se da cuenta de que lo que iba a ser una pequeña reunión con amigos, se está saliendo rápidamente de control; algunas personas ya están incluso en las habitaciones de la planta alta haciendo quién sabe qué. Él piensa pedirles que se vayan o terminar la fiesta temprano, pero cambia de idea. Para la media noche, uno de los vecinos llama a la policía para reportar el fuerte volumen de la música, los chicos en el patio y el olor a mariguana. La policía se presenta a la fiesta y hace que todos vayan a sus casas. La casa queda hecha un desastre y John teme el regreso de sus padres.

¿Por qué John siguió la fiesta cuando se dio cuenta de que estaba fuera de control? ¿Por qué simplemente no corrió a todos de su casa? La respuesta tiene que ver con la toma de riesgos y con los recursos que los adolescentes tienen a su disposición. Además de la fábula personal que seguramente ronda por la cabeza de John, también tenemos que pensar en su cerebro. Anteriormente dije que para cuando un niño tiene seis años, su cerebro ya ha alcanzado el 95 por ciento de su tamaño adulto. Sin embargo, los investigadores sugieren que una de las razones por las cuales los adolescentes se meten en situaciones de riesgo, es porque su cerebro adolescente no está totalmente desarrollado. La corteza frontal, que es la zona del cerebro encargada del razonamiento, el pensamiento y la toma de decisiones, así como de planear, organizar, ponderar las consecuencias y ejercitar el autocontrol, no se desarrolla completamente hasta cerca de los veintitantos años. Asimismo, si consideras que las partes del cerebro que son responsables de los comportamientos que buscan emoción y sensación maduran en torno a la pubertad, es fácil comprender esta brecha en el desarrollo del cerebro que hace que los adolescentes presenten una toma de decisiones pobre y asuman riesgos. Algunos investigadores han relacionado esta situación con «...arrancar el motor de un potente carro de carreras con un conductor no entrenado al volante».[1]

Ahora hablemos acerca de los aspectos sociales que impactaron la decisión de John. Obviamente, la presión de los padres está en juego en este escenario. Con toda seguridad sus amigos lo presionaron para que la fiesta continuara. Pero la presión de los padres sólo es la punta del iceberg social. Imagínate a ti mismo, y no a John de 15 años, un joven adulto con trabajo y responsabilidades, como anfitrión de una fiesta con *tus* amigos. ¿Tú, como adulto, sentirías la misma presión y habrías tomado las mismas decisiones? Parece que tu respuesta sería «no», y los investigadores en ciencias sociales apoyarían tu respuesta. Los psicólogos han demostrado que a pesar de que los adultos y los adolescentes atraviesan el mismo proceso en la toma de decisiones, según el cual ambos eligen la opción que minimiza los costos y maximiza los beneficios, adolescentes y adultos difieren en cómo sopesar las consecuencias sociales.

Los adolescentes dan mayor peso a las consecuencias sociales de una decisión que los adultos. En el caso de John, las consecuencias sociales de echar a todos y cancelar la fiesta, habrían sido que sus amigos y conocidos enojados posiblemente lo ridiculizarían en la escuela al día siguiente. Debido a que siguió la fiesta, es muy probable que se haya topado con comentarios como «la fiesta fue genial» o «¿te enteraste de la fiesta de John? Fue tan loca que hasta la policía llegó. Súper». Los adultos no valoramos la opinión de nuestros pares del mismo modo que hacen los adolescentes. Esto no significa que los adultos sean apáticos; basta con ver el gran número de hombres y mujeres que postean selfies sin fin en las diversas redes sociales. Yo misma soy una persona razonablemente social y me gusta pasarla bien, pero puedo decir sin temor, que si diera una fiesta y mis invitados estuvieran arruinando mi casa e infringiendo la ley, no permitiría que continuara sólo por miedo a que me dijeran cosas al día siguiente en el trabajo.

Para resumir los avances cognitivos de los adolescentes, he aquí la conclusión: nuestros hijos están aprendiendo a pensar por sí mismos. Sin siquiera estar totalmente conscientes de ello, están conquistando importantes logros cognitivos en su transición de la niñez a la edad adulta. Como adolescentes, sus procesos de pensamiento y opiniones no empatan por completo con los nuestros. De hecho, en ocasiones podemos estar cien por 100 seguros de que su pensamiento es equivocado e incluso hasta peligroso. Pero ¿adivina qué? Es *suyo*, por tanto, deja que lo tengan. Lo que quiero decir es que nosotros, como padres, debemos guiarlos en el sentido de un razonamiento lógico y en la toma responsable de decisiones, pero también debemos darles espacio y apoyo para que estiren estos nuevos músculos cognitivos recién formados. Es como recibir un juguete nuevo e increíble en Navidad: por supuesto quieren probarlo apenas lo reciben; de inmediato quieren desempacarlo para ver qué hace. Puede que nuestros hijos al principio no sean expertos con el juego, pero con tiempo y un poco de guía y entrenamiento, finalmente alcanzarán el nivel de expertos con el que podremos vivir y estar incluso muy orgullosos. Entonces, ¿por qué no disfrutar y apreciar lo que son nuestros hijos ahora, y abrazar las fantásticas posibilidades de las personas en las que se están convirtiendo?

3
TORMENTA Y ESTRÉS:
COMPRENDE EL CONFLICTO ENTRE PADRES Y ADOLESCENTES

SIEMPRE AMO A MI HIJA, pero algunas veces no me cae bien. Está bien, ya lo dije. Y si estuvieras a solas en un cuarto, sin ruido alguno, sin que hubiera nadie en kilómetros a la redonda, y fueras total y completamente honesto contigo, pienso que también a veces dirías que te sientes así. Vamos, admítelo... está bien. Para cuando tu hijo inicia la segunda década de su vida, las cosas empiezan a cambiar de manera dramática. Está entrando en el periodo de desarrollo conocido como «tormenta y estrés», y se llama así por una buena razón. La adolescencia es una etapa de importantes transiciones tanto para el chico como para sus padres. Uno de los indicadores que delata que tu hijo está pasando de la infancia a la vida adulta es el conflicto. Si tú, como padre, estás lidiando con la ansiedad de la adolescencia, sabes exactamente a qué me refiero. Si, por otro lado, aún gozas de las bendiciones de la infancia, espero que este capítulo te prepare para la diversión que te espera conforme tu hijo inicie la transición en sus años adolescentes.

Las pocas veces que he tenido conversaciones honestas sobre este tema (en oposición a aquellas donde las personas hablan acerca de grandes técnicas de crianza que emplean y sobre sus perfectos hijos adolescentes), los padres involucrados terminan sintiéndose como veteranos que han compartido batallas durante toda una guerra. Quienes han experimentado el incesante e implacable conflicto padre-adolescente comparten un vínculo particular, especialmente

aquellos que sobrevivieron a la etapa. Los padres de niños pequeños pueden leer esto y decir: «Vamos... ¿es realmente *tan* malo?» La
respuesta es sí. Sí que lo es. Al menos se *siente* muy mal cuando atra-
viesas por ese periodo. En primer lugar, debo señalar que, a gran
escala, si lo comparas con el mundo de las hambrunas, los tifones y
terremotos y el sufrimiento de las naciones paupérrimas alrededor
del globo, el conflicto *no es tan* malo. Pero muchos estudiosos han
demostrado que cuando se trata del conflicto padre-adolescente,
son los padres quienes terminan sintiendo los efectos colaterales del
desgaste psicológico y emocional en mayor medida que los adolescentes. De hecho, para los chicos, la discusión constante puede ser
una forma de ejercitar sus nuevas habilidades cognitivas, de luchar
por su independencia de pensamiento y opinión, y de adquirir un
nuevo papel en la dinámica familiar y asegurarse de que su voz sea
escuchada.

En segundo lugar, existe una rara especie de familia por ahí que,
por diversas razones, experimenta muy poco o casi nada de conflicto. Difícil de creer, pero es cierto. Imagina esto: visitas la sección de
crianza en la librería local, y ves las diferentes áreas divididas por
categoría de edad. En el área dedicada a edad temprana e infancia
ves títulos del tipo *Cómo crear un vínculo con tu bebé recién nacido*, *Cómo
abrazar a tu pequeño* o *Cómo nutrir a tu hijo pequeño*; llegas al área sobre
crianza de adolescentes y ¿qué títulos ves?: *Cómo SOBREVIVIR a la adolescencia*, *Mantener la cordura con los adolescentes*... o mejor aún, verás
el mío. Esto se debe a una buena razón: ser padre de adolescentes
es realmente duro. Los padres de adolescentes buscan con desesperación respuestas a preguntas como «¿Quién es ese grandulón malhumorado y qué le hizo a mi dulce niñito?» o «Le gustaba que la
abrazara, charlar, pasar tiempo conmigo, pero ahora discute constantemente... ¿Por qué?» El punto es que el conflicto entre padres e
hijos es una realidad que muchas (subrayo «muchas») familias experimentan conforme los chicos atraviesan la etapa de la adolescencia.
Quiero decir, los papás no utilizan las palabras «turbulenta» o «furio-
sa» para describir la etapa de la infancia ¿o sí?

¿POR QUÉ LA GUERRA?

El psicólogo y educador G. Stanley Hall acuñó por vez primera la expresión «tormenta y estrés» para referirse al periodo de la adolescencia durante el cual los adolescentes se vuelven malhumorados, tienen conflictos con los padres y establecen comportamientos riesgosos. Gracias a muchos estudiosos en este campo, sabemos bastantes cosas acerca del conflicto padres e hijos. Como investigadora, encuentro esta información interesante e ilustrativa, pero como padre, me hace soltar un enorme suspiro de alivio. Es de gran consuelo saber que hay muchos otros padres que atraviesan por las mismas situaciones, preocupaciones y batallas y que hay una gran cantidad de libros sobre el tema.

Sabemos que es natural para los adolescentes establecer una distancia tanto física como emocional de sus padres. Es justo para lo que estamos programados como seres humanos independientes, y nuestros adolescentes no son la excepción. Esto sucede cuando emprenden su viaje en una búsqueda para establecerse como individuos, para formar su propia identidad y ser independientes y autónomos; todo separado de sus padres. Parecen totalmente resueltos (con buena razón) a establecer sus propios pensamientos, a formular sus propias opiniones y exigen ser escuchados, y cuando digo exigen, en algunos casos, es literalmente una exigencia. Los padres sabemos que podemos responder con un exabrupto que no sea bien recibido por las demandas del adolescente. Al menos, ésa es mi experiencia. Sin embargo, como padres de estos valerosos exploradores, no siempre tomamos amablemente todo este asunto del distanciamiento porque lo que vemos es a nuestra pequeña hijita (en un cuerpo de muchacha) tratando de hacer las cosas por sí misma, y eso nos torna nerviosos, asustadizos y protectores. Además, nos aferramos a los recuerdos de cuando le encantaba sentarse en nuestro regazo para que le leyéramos historias.

Así pues, ¿cómo respondes a esta búsqueda de independencia que parece producir una grieta entre tú y tu adolescente? Puedes expresar tu preocupación y tratar de proteger a tu hijo de cometer errores sosteniendo (o intentando sostener) largas conversaciones con él; o puedes tratar de mantener a tu adolescente cerca, pidiéndole que pase tiempo con la familia, con la esperanza de que verá todo el panorama y recuperará su ánimo al convivir con quienes lo aman y le dieron la vida. Por lo general, el resultado de estos intentos deriva en un conflicto padre-adolescente. Más que nada, los padres intentan una gran variedad de estrategias para evitar o escapar de las constantes discusiones, porque ¿quién quiere todo ese escándalo? Buen intento, papás.

El conflicto suele incrementarse cuando el hijo entra en la preadolescencia (entre los 10 y los 13 años), tiende a nivelarse hacia la mitad (entre los 14 y los 17 años), y casi siempre disminuye en la adolescencia tardía (entre los 18 y los 22 años). Existen diversas explicaciones por las cuales el conflicto se incrementa durante los primeros años, empezando por esas malditas e intensas hormonas, hasta las demandas de autonomía, independencia e incluso la rebelión que llega a desafiar la muerte. La verdad es que existen varias combinaciones de factores que contribuyen a encender la flama del conflicto padre-adolescente durante los primeros años, incluyendo la pubertad, la personalidad, los cambios cognitivos, el contexto social, la influencia de los padres y muchos otros. En la etapa temprana, los adolescentes pueden ser malhumorados y centrados en sí mismos, mientras practican sus habilidades cognitivas recién adquiridas discuten cualquier punto llevándolo al campo de batalla. La combinación de todo esto con el hecho de que los padres están cansados, estresados y lidiando con sus propios asuntos, puedes adivinar que resultará al menos en una pelea, o llegar a una auténtica guerra en el peor de los casos.

Mi hija Sophia y yo muy seguido estamos en desacuerdo, y una de las razones de ello es que ambas somos mujeres de férrea voluntad, inteligentes, francas, sin problemas para mantenernos firmes. Todas son buenas cualidades, ¿cierto? Ah, pero he aquí el problema: ambas somos también tercas, obstinadas y decididas a ir hasta las últimas consecuencias si consideramos que hay una razón justificada. Esa razón, por supuesto, se origina porque ambas consideramos que estamos bien y la otra mal. Claro, querido lector, sabemos quién tiene siempre la razón ¿verdad?

La buena noticia es que los padres aprendemos a manejar el conflicto con nuestros adolescentes cuando llegan a la mitad de esta etapa; y es hacia el fin de la adolescencia que comenzamos a sentir que estamos en una relación semiamigable con otro ser humano. Esto coincide con el momento en que los adolescentes empiezan a darse cuenta de que nuestro IQ se ha elevado y sus padres no somos los idiotas que solíamos ser. En la clase de Psicología de la Adolescencia que imparto, siempre pregunto a mis estudiantes por qué creen que el conflicto entre padres e hijos adolescentes disminuye cuando éstos alcanzan la edad de 18 años. ¿Alguna idea? La primera respuesta es inevitable: «porque se van de la casa», lo cual en parte es cierto. Conforme los chicos alcanzan la adolescencia tardía, amplían sus horizontes sociales y circunstanciales, sea porque se van a la universidad, se mudan, o porque obtienen un empleo, lo que les brinda más espacio físico y, en general, obtienen un poco más de perspectiva. En este caso el corazón se hace más cariñoso con un poco de ausencia o, al menos, con un mínimo de confrontación cara a cara.

Algo que también sucede en la adolescencia tardía es que tu hijo gana perspectiva y se torna significativamente más maduro, no sólo en el aspecto físico, también cognitiva, social y emocionalmente. Es como si su cerebro y corazón por fin se pusieran al día con su cuerpo. Ahora estos chicos maduros comienzan a apreciarnos como individuos. Y no sólo encontraron esta nueva capacidad de apreciar cuán bien te las ingenias para hacer tu trabajo y ser un buen padre con fuerza sobrehumana, también empiezan a ver hacia atrás y reconocer que en realidad en sus primeros años de adolescentes fueron un dolor de muelas. Entonces, muchos de mis estudiantes después de conocer los conflictos entre padres y adolescentes, y la perspectiva de los padres, me dicen que se van directo a la florería para enviar unas flores a sus mamás. Así que si por casualidad recibes un hermoso ramo de flores acompañado por una dulce nota de reconocimiento de parte de tu hijo mayor... ¡de nada!

Otra cosa que sabemos sobre el conflicto entre padres y adolescentes es que, en términos de *cuál* es el tema por el que discuten, las disputas normalmente no tienen que ver con asuntos significativos como las metas educativas u ocupacionales, los valores morales o los estándares éticos. Los conflictos entre padres y adolescentes casi siempre versan sobre asuntos cotidianos como los deberes, las tareas, llevarse bien con los hermanos, la elección de amigos, música o ropa. Éstas son las veces en que te escuchas a ti mismo diciendo cosas tales como «¿no te dije ya como nueve veces que levantaras esos calcetines sucios del suelo?» o «¿ivas a llevar a la escuela una camiseta microscópica?... No lo creo. ¡Así que vuelve a tu recámara y ponte algo decente, jovencita!» La mayoría de los adolescentes disparan rápidamente una serie de respuestas, desde luego todas llenas de sarcasmo, sorna o de una actitud condescendiente que sólo aviva más el fuego. (Creo que les encanta la gasolina y el fuego y sacar de sus casillas a mamá; he escuchado a adolescentes admitir esto).

Lo que resulta realmente interesante es que los investigadores han observado que, en el contexto del conflicto padres-adolescentes, los padres tienden a enfocarse en las expectativas sociales y en las normas, mientras los adolescentes tienden a ver los temas sobre los cuales discuten como una declaración personal. Por ejemplo, la madre de una chica de 15 años que junto con su amiga se acaba de hacer un corte de pelo estilo Mohawk color verde dirá: «¡Santo cielo!, los vecinos van a pensar que crié una hija alborotadora completamente loca». O cuando la abuela va de visita: «¡Tu cuarto es un chiquero... ve ahora y límpialo antes de que llegue tu abuela y piense que vives en una pocilga!». Los padres tienden a enfocarse en cómo otros van a juzgarlos como padres y en cómo su familia encaja dentro de las normas sociales. No todos los padres piensan de este modo, al menos no de manera consciente, pero algunos claro que sí. En contraste, la respuesta de los adolescentes puede ser algo como esto: «Es *mi* cabello, *mi* cuerpo y *mi* cuarto... debería de poder pintarme el cabello de verde o perforarme varias partes de mi cuerpo si quiero. ¡Oye! Estoy haciendo una declaración. Al diablo con lo que piensen los vecinos». En otras palabras, a los adolescentes no podrían importarles menos las normas sociales o los estándares; de hecho, puede que les entusiasme incitar a los vecinos a hablar de qué tan lejos llegaron con el cabello verde; ése es el punto. El punto focal de los adolescentes es su independencia y sus pensamientos y opiniones personales.

También es interesante que de todas las posibles díadas en la familia (padre-hijo, madre-hija, padre-hija, madre-hijo, etcétera), la relación madre-hija es la más conflictiva. Fascinante ¿no es así? Pero ¿por qué es esto? Existen muchas posibles explicaciones, como que madres e hijas tienen un fuerte lazo entre ellas y saben que nada puede romperlo. Y cuando se trata de discutir, realmente pueden quitarse los guantes, porque madres e hijas saben que su relación a largo plazo no peligra. Mi hija y yo sabemos que siempre la voy a amar y que ella me va a amar; sabemos también que nunca nos vamos a divorciar una de la otra, y que siempre estaré para ella. Entonces, cuando de conflictos se trata, los campeones de peso completo Frazier y Alí no tienen nada que hacer si nosotras saltamos al ring. ¡Ding, ding!

Otra explicación para esta relación especialmente conflictiva es que madres e hijas tienen muchas cosas en común, sin limitarnos al género incluimos los hábitos, roles sociales, ropa, personalidad, hormonas... y la lista sigue y sigue. En algunos casos, las madres y sus hijas son tan parecidas y son tan cercanas, que la relación puede tornarse más que aburrida. Una vez más, mi hija Sophia y yo somos un ejemplo de libro de texto de la díada conflictiva madre-hija. Permítanme dejar algo en claro, sólo en caso de que ella lea esto: amo a mi hija con todas las células de mi cuerpo, pero confieso que a veces debo recordármelo a mí misma, porque discutimos e incluso peleamos todos los días.

Un día, luego de un episodio especialmente odioso con Sophia, me reuní con algunas mamás para tomar unas margaritas después de la batalla, y ventilé cuán agotador encontraba el conflicto diario con mi hija adolescente. Mi sesión de desahogo terminó con un frustrado «¿Por qué todo tiene que ser tan *#Ç"& difícil con mi hija?», a lo cual mis amigas sonrieron y contestaron casi al unísono: «Porque ella es igualita a ti». Qué traidoras mis amigas. Debo admitir que en verdad mi hija y yo somos tercas, necias, obstinadas y apasionadas. El mundo prácticamente se paraliza cuando discutimos sobre que Sophia use mis medias. Los espectadores podrían *pensar* que es porque somos muy parecidas. Pero yo sé la verdad; y la verdad es.... que yo tengo la razón, y yo soy la mamá.

CONTEXTO Y SITUACIONES DE «EMERGENCIA»

Cuando se trata de situaciones difíciles entre padres y adolescentes, una de las cosas que debes tener presente es el contexto. En otras palabras, pensar acerca del escenario donde se desarrolla toda la discusión y el estrés. Muy frecuentemente, los padres creen que el aumento de conflictos o eventos negativos indica, por definición, una disminución en el amor. No es cierto. Claro que nuestros adolescentes nos siguen amando. De hecho, justo porque nos aman es que buscan guía y nos critican... es su trabajo. Creo que también fue tu trabajo en alguna época de tu vida. Recuerda cuando eras adolescente y cuestionabas a tu mamá o papá. En cuanto al contexto, también he mencionado los factores de estrés simultáneos que los padres pueden estar enfrentando con la ansiedad del adolescente —quizás enfrentan estrés laboral, fatiga física y otras presiones—, y que hacen más incesantes las discusiones sobre asuntos aparentemente insignificantes pero estresantes. (Hablaremos más acerca de esto en el capítulo 9, al discutir el tema de la «generación sándwich»).

Otra circunstancia contextual que debe considerarse es la perspectiva. En este caso, la perspectiva se refiere a la forma en que los adolescentes interpretan y reaccionan ante las situaciones, en comparación con el punto de vista de sus padres. A menudo, es la diferencia en la percepción y la manera en que reaccionamos ante ciertos eventos o circunstancias, lo que detona el conflicto entre padres y adolescentes. Un ejemplo: ¿qué es una «emergencia»? Y, además de discutir con sus hijos, ¿cómo pueden los padres reaccionar ante las «emergencias» de sus hijos?

Desde nuestra perspectiva como padres, solemos preguntarnos: «¿por qué parece que para mi hijo *todo* es una emergencia? Solamente en las últimas veinticuatro horas he recibido varias llamadas de mis adolescentes, estilo 911» He aquí un par de ejemplos:

1.   Antes de salir de casa esta mañana, pregunté a mi hija adolescente en tres ocasiones si estaba lista y si llevaba todo lo necesario. «Todo bien», dijo. Después de dejarla en la escuela (que está a treinta minutos de casa), iba a medio camino para

mi clase de yoga (para desestresarme y prepararme para la siguiente serie de emergencias) cuando recibí una llamada: «Mamá, ¡olvidé mi uniforme del programa de hospitalidad! Y el autobús se va dentro de cuarenta minutos. Si no lo tengo para entonces ¡me van a dejar! Y si no voy, tendré que quedarme tres horas en la biblioteca ¡sin hacer nada!»

Como madre dedicada que soy, *consideré* seriamente saltarme mis aspiraciones de yogui gurú para ir por el uniforme. *Esto pasó por mi cabeza en pocos segundos*: aunque fuera rápidamente a la casa y de vuelta a la escuela para dejar el uniforme, lo que era *su* responsabilidad, no me daría tiempo. Además ¿me privaría de mi yoga (relajación, ejercicio y salud mental) para ir como loca, pelear con el tráfico y acumular *más* estrés y locura? ¿Y todo para liberar a mi hija de su responsabilidad? Déjame pensarlo un momento... eso será definitivamente un «no». *Lo que hice*: le expliqué con calma que debía asumir las consecuencias naturales de sus acciones (quedarse en la biblioteca) como una oportunidad para ponerse al corriente con las tareas y posiblemente avanzar. ¡Qué concepto! Y quizás aprendería una lección mayor, la de ser un poco más responsable la próxima vez; le sugerí: «La noche anterior escribe una nota para no olvidarte de poner el uniforme en el auto»... mi sugerencia no fue bien recibida.

2. De camino al trabajo, recibí una llamada de mi adolescente gritando, «¡Ma!, papá no está en la ciudad y el cuidador de perros está en su casa tratando de entrar, pero no puede porque el estúpido Thomas (su hermano, mi hijo adolescente) puso el cerrojo y la llave no abre; también dejó el control de la puerta del garaje adentro, y no hay manera de entrar. Y si no entramos el perro ¡va a MORIR!, y le dije a papá que me encargaría de él. ¡Ma, tienes que hacer algo!»

    Esto pasó por mi cabeza: primero, ¿cómo pasamos de cero a cuatro alarmas de incendio en tan sólo unos instantes? Segundo, ¿por qué verme involucrada en que el cuidador de perros de mi exmarido no pueda entrar a su casa, y qué es exactamente lo que mi hija adolescente piensa que yo puedo hacer? Tercero, ¿por qué actúa como si un asteroide se dirigiera a toda velocidad a la casa de su padre y ella tuviera que liberar al perro que está adentro? *Lo que hice*: le dije que se calmara y respirara profundamente. Le recordé con mucha amabilidad que ésa no era mi responsabilidad, pero que el perro estaría bien y simplemente tenía que llamar al cuidador de perros y decirle que abriera la puerta trasera. ¿Qué? ¿Por qué tenía que ser tan difícil? Cielos, otra crisis superada.

Cuando los padres de adolescentes reciben este tipo de llamadas (ya sea diario o a veces) ocurre una reacción psicológica instantánea. En serio. Nuestros niveles de cortisol se elevan por las nubes y de inmediato nos sentimos impulsados a ponernos los guantes y nuestra capa de superhéroes para subir al ring y salvar a nuestros pequeños o, por el contrario, volar tan lejos como sea posible para alejarnos de la situación (la típica respuesta de lucha o fuga). Quiero decir, me gusta *pensar* que mi hija me ve como la Mujer Maravilla, lista y capaz de resolver cualquier problema con mi lazo mágico y esos maravillosos brazaletes a prueba de balas, pero ¿qué crees? Es *nuestra* percepción y *nuestra* respuesta la que hace la diferencia entre pelear, escapar o reforzar la independencia y la autonomía de los adolescentes. A veces no *necesitan* que los salvemos, y a veces sí lo necesitan; quizá necesiten salvarse ¡ellos mismos! Evidentemente, no todas las situaciones justifican una alerta roja y dejar todo para acudir de inmediato, sin embargo, me gusta que mis hijos sepan que cuentan conmigo, haya o no conflicto.

Tal como con la noción de amor incondicional, donde demostramos a nuestros hijos que los amamos pase lo que pase, necesitamos que nuestros adolescentes sepan que pueden contar con nosotros, incluso si eso significa que en ocasiones debamos correr como locos. Nuestras percepciones y reacciones subsecuentes hacen gran diferencia en la forma que se desenvuelven estas emergencias. No es sencillo manejar estas situaciones de manera positiva y menos discordante, y sin duda puede ser estresante e inconveniente para nosotros como padres, pero los efectos positivos para nuestros adolescentes pueden ser muy benéficos. Incluso podemos cosechar el beneficio adicional de evitar las batallas diarias y dar una lección de vida o dos en el camino.

Así que la próxima vez que recibas una de esas llamadas de emergencia por parte de tu adolescente, tómate un momento para pensar en la situación. ¿Es éste un momento de enseñanza o realmente necesitas ponerte la capa de héroe? ¿Cómo saberlo? Tal vez puedas hacerte las siguientes preguntas ante la próxima crisis de tu adolescente:

- Si hago a un lado las emociones y reacciones de mi adolescente, me pregunto ¿es una situación realmente urgente?
- ¿Qué fue lo que causó la circunstancia difícil? ¿Pudo haberse evitado si el adolescente hubiera hecho o dejado de hacer algo?
- ¿Qué pasaría si no hago nada? ¿Cuáles serían las consecuencias naturales y podría mi adolescente aprender algo de ellas?
- ¿Qué pasaría si doy un paso adelante y me hago cargo de la situación? ¿Le estoy enseñando a ser responsable, o estoy enseñándole a que asuma que siempre voy a salvarlo de las situaciones difíciles, y eso le impediría aprender una valiosa lección de vida?

El punto importante es que esto pude ser una llamada de atención. Claro que queremos ayudar a nuestros hijos cuando realmente nos necesiten, pero debemos recordar que también es nuestro trabajo enseñarles a tomar buenas decisiones, a actuar responsablemente y a medir las posibles consecuencias de sus actos. Sé que es difícil ver a nuestros hijos lidiar con problemas y quizá caigan un par de veces, pero recuerda: si la sirena suena en serio, siempre tienes la capa lista para ir al rescate.

FINALES FELICES

Dado que todas las buenas historias tienen un final feliz, quiero terminar este capítulo sobre el conflicto con una nota positiva. Hay muchos puntos optimistas y alentadores que señalar respecto al conflicto entre padres y adolescentes. Primero, a pesar de la frecuencia con la que padres y chicos tengan desencuentros, la buena noticia es que tales conflictos no son súper intensos o volátiles. Las discusiones entre padres e hijos, por lo común, se caracterizan por ser riñas o alegatos incesantes, y es por ello que para *algunos* padres resultan en una lenta tortura. No es el fin de la relación o una pelea que signifique una amenaza de vida, simplemente es tedioso y agotador.

La segunda parte de la buena noticia es que el conflicto que padres y adolescentes experimentan, en general, no es indicativo de problemas mayores ni para los individuos ni para la propia familia. De hecho, las investigaciones demuestran que de entre todas las familias que tienen hijos adolescentes, solamente una minoría experimenta conflictos de largo plazo o graves problemas. De manera regular presento el tema del conflicto padre-adolescente a grupos de papás y organizaciones a lo largo y ancho del país, y cuando llego a este punto de la charla sobre las «buenas noticias», escucho un suspiro colectivo de alivio de todos los presentes en el público. Créeme si te digo que entiendo demasiado bien que cuando nuestros hijos están en medio de esta etapa turbulenta llamada adolescencia, nosotros los padres realmente nos preocupamos por el futuro de la relación con nuestro hijo o hija, a pesar de las constantes peleas. Pero estoy aquí para decirte, tanto desde mi experiencia personal como desde la investigación, que todo va a estar bien.

Llegará un momento en que tú y tu hijo ya mayor miren hacia atrás y se rían de las tontas discusiones que tuvieron sobre calcetines y ropa sucia. Incluso puede que llegues a extrañar los pleitos. ¿En serio? Claro. Mi hija Sophie que, como has visto, fue la protagonista de este capítulo, está a punto de ir a la universidad, y la idea de ya no poder discutir, debatir o rebatir con ella me duele un poco. Irónicamente, tú y tu hijo pueden verse beneficiados por esas discusiones, al crecer como individuos y desarrollar una relación más profunda y más madura. Y como buen veterano que eres, a estas alturas podrás compartir tus historias de guerra con otros papás con la esperanza de que puedan armarse y llegar bien preparados a sus propias batallas.

4
EL DÍA DE LA INDEPENDENCIA:
LA REBELIÓN DE LOS ADOLESCENTES

ES UNA NOCHE DE VIERNES COMO CUALQUIER OTRA. Después de una larga y estresante semana de trabajo, reuniones, múltiples idas al supermercado, y habiendo asistido a varias actividades de los chicos, buscaba pasarla tranquila y relajada en casa. Estoy lista para ponerle punto final a la locura de la semana y recargar mis viejas baterías con la gente que más amo, en el espacio familiar donde siempre encuentro solaz. Me veo acurrucada en el sofá con mis niños, una copa de vino en una mano y una rebanada de pizza en la otra; madre e hijos disfrutando un fantástico maratón de películas y riendo todos juntos como una familia. Ahhh... fabuloso. Pero, espera, es demasiado bueno para ser cierto. ¿Qué hay de malo con esta imagen? Oh, ya sé. Mi fantasía de viernes por la noche no consideró un importante e inevitable detalle: ellos tienen sus *propios* planes.

Incluso antes de salir de la oficina, mi celular comienza a explotar con mensajes de texto de mis adolescentes.

Adolescente #1: «Ma, voy a salir con Alex esta noche ¿bien?» «Hay partido de futbol y probablemente vayamos. ¡Ah!, y probablemente me quede a dormir en su casa ¿ok?»

Adolescente #2: «Ma, estoy en casa de Shawn. Daremos una vuelta» *Más tarde, después de varios intentos por tener alguna noticia:* «Seguimos en la vuelta con los amigos, pero después de que mi novia salga del trabajo, haremos algo ¿ok?» «Ah, y probablemente me quede a dormir en casa de Jacob ¿ok?»

Demasiado para mi confortable y grato festín familiar. La que se suponía que debía de ser una noche tranquila en familia se tornó en algo muy diferente: yo, con los perros, tratando de ver una película, pero en realidad asegurándome a través de mensajes que mis hijos siguen vivos. No exactamente lo que yo había imaginado.

¿Qué es lo que pasa con los chicos a medida que crecen? En un momento dado, les gustaba estar con nosotros ¿cierto? Okey, tal vez no tanto como recuerdo. Quizá simplemente estoy proyectando mis propios deseos domésticos y mis necesidades emocionales en ellos (soy mamá y psicóloga, después de todo), pero estoy segura de que no soy la única que ha vivido el sentimiento de «ser botada» por los propios hijos. Conforme se acercan a sus años de adolescencia, nuestros hijos comienzan a centrarse en su vida social. Te acuerdas cómo era eso. De pronto, sentías una necesidad desesperada de estar lejos de tus padres, de probar que podías estar solo por tu cuenta; estabas decidido a tomar tus *propias* decisiones, sin que nadie, especialmente tus padres, te dijeran qué podías hacer y qué no. Mamá y papá, ¿adivinen qué?, ahora es el turno de tus hijos, ¡sienten *exactamente* lo que nosotros sentíamos en aquel entonces! Es divertido ver cómo el tiempo cambia algunas cosas, pero otras no tanto, como que los adolescentes quieran estar lejos de sus papás y construir sus propias identidades y hacer sus *propias cosas*.

Dos cosas suceden durante la adolescencia temprana con respecto a cómo (y con quién) los adolescentes pasan su tiempo: primero, empiezan a buscar independencia y autonomía como famélicos en busca de alimento; y segundo, comienzan a pasar menos tiempo en casa con la familia y más con los amigos. El capítulo 6 está dedicado a las amistades, a la influencia de los padres y al mundo social de los adolescentes. Por ahora, abordemos el tema de la independencia.

No hay nada nuevo en que los adolescentes quieran ser independientes. De hecho, es una vieja historia. Tus padres experimentaron esto cuando eran jóvenes; tú pasaste por ello, y ahora tu hijo ha sido picado por el aguijón de la libertad. En última instancia, todos queremos sentir que tenemos nuestros propios pensamientos, nuestras opiniones y nuestra voz. Es la naturaleza humana. Queremos ser nosotros mismos y tomar nuestras propias decisiones, independientemente de nuestros padres. Sin duda, también recuerdas ese sentimiento de rebelión ante las reglas de tus padres.

El punto central es la perspectiva. Una vez que cambiamos papeles y dejamos de ser la persona joven en desarrollo y nos convertimos en los padres, nos vemos un poco perdidos. ¿No era apenas ayer que nuestros maravillosos y dependientes hijos no sólo querían, sino hasta *necesitaban* que estuviéramos ahí en todo momento para ayudarlos, apoyarlos, enseñarlos? Y nosotros gozábamos absolutamente por ser necesarios, porque se sentía bien. Llenaba todo tipo de necesidades biológicas y evolutivas básicas que tienen que ver con la conservación de la propia especie. Recuerdas el sentimiento, ¿verdad? Era a la vez terrible y tóxico pensar que tu hijo dependía totalmente de ti. Hasta entonces, nuestra definición de ser buen padre se basaba en estar siempre presentes para nuestros hijos, y nos confortaba su completa dependencia. Así que resulta perturbador, por decir lo menos, cuando nuestros hijos que solían necesitarnos y nos querían ahí en todo momento, dejen claro que ahora ya *no* es así.

Con el riesgo de sonar como una presuntuosa académica, me gustaría ofrecer una distinción semántica. La palabra «independencia» se refiere a la *capacidad* o *habilidad* de una persona para actuar por sí misma. Es evidente que conforme tu adolescente se hace más maduro física y cognitivamente —más fuerte y más listo—, sea *capaz* de hacer cosas por sí mismo. Pero para captar con todos sus matices la descripción de los comportamientos, pensamientos y creencias asociados con el deseo de los adolescentes de rebelarse, prefiero emplear la palabra «autonomía». Debido a que los adolescentes se rebelan en varias formas y en multitud de contextos, dividiremos este concepto de autonomía en tres categorías separadas, las cuales el psicólogo e investigador Larry Steinberg denomina como emocional, de comportamiento y de valores.[1]

EMOCIONES

Cuando los adolescentes se rebelan para establecer sus propios sentimientos y opiniones —acerca de las personas, los lugares y las cosas— ganan *autonomía emocional* de sus padres. Esto es fundamental para ellos. A diferencia de aquellos buenos tiempos, cuando ciegamente se encantaban de que les organizaras una reunión con un amiguito para jugar, ahora quieren juzgar y decidir por ellos mismos si una persona, sea un par, compañero de trabajo o incluso un interés romántico, vale la pena como para involucrarse emocionalmente. Se preguntan a sí mismos: ¿me gusta esta persona o no? ¿Me hace feliz? ¿La quiero? ¿Debo enojarme porque sea tan imbécil? Ten en cuenta que este proceso de toma de decisión no se basa en si sus padres quieren o detestan a esta persona, sino en la visión del adolescente centrada en *su propia* elección. ¡Éste es el punto clave! Lo que hace esto ligeramente amenazante para nosotros como padres, pues sabemos que nuestro hijo puede salir lastimado. Nos enorgullecemos de nuestra inquebrantable devoción por proteger a nuestros hijos, está codificado en nuestra genética; entonces, cuando vemos que nuestro hijo se involucra emocionalmente con alguien, aprobemos o no a la persona, y aun sabiendo que no hay nada que podamos hacer al respecto, nos sentimos vulnerables y nos preocupamos incesantemente. Es una de las cosas que nos ata en nuestra experiencia de criar adolescentes.

Irónicamente, una manera de calibrar si nuestros adolescentes han alcanzado su autonomía emocional, es observar si han «desidealizado» a sus padres y han comenzado a verlos como personas normales. Tal cual... me refiero a nosotros cayendo de nuestro hermoso pedestal de omnipotencia en el que nuestros hijos nos habían colocado cuando eran muy pequeños (siéntete en libertad de volver a leer el capítulo 1, pero tal vez primero quieras ir por unos pañuelos desechables). Para establecer su propia autonomía emocional, los adolescentes evalúan hasta dónde dependen de ellos mismos y no de sus padres al hacer juicios y confiar en sus propios sentimientos. Es la versión adolescente de la Pequeña Locomotora que sí pudo: «Creo que puedo... creo que puedo...» Esta recién adquirida habilidad de los chicos para elaborar sus propios juicios no sólo les sirve para establecer su independencia emocional, también los ayuda a forjar su identidad y a alcanzar confianza y autoestima, ¡lo cual es muy bueno! El objetivo de nuestros hijos conforme transitan hacia la etapa adulta, nos guste o no, es separarse exitosamente de nosotros. Después de todo, una vez que atraviesan la pubertad, nuestros hijos se ven mayores, actúan como mayores y quieren ser tratados en consecuencia. Por lo común, todo esto hace que los padres escondamos colectivamente la cabeza en la arena en un gran esfuerzo por mantenernos en la bendita ignorancia.

Sophia y yo acostumbramos estar en los lados opuestos del espectro emocional, pero mi deber es aceptar el hecho de que, al querer formular sus propios sentimientos y emociones independientes de los míos, ella está haciendo su trabajo al navegar en este viaje evolutivo en que todos participamos. Date cuenta de que no digo que yo deba disfrutar, estar de acuerdo o siquiera entender sus sentimientos; más bien, debo apreciar y apoyar su experiencia. Es conmovedor, lo sé, pero es la verdad. ¿Es más fácil decirlo que hacerlo? Definitivamente. Pero el resultado será una relación feliz y sana entre tú y tu adolescente... ¿y qué puede ser mejor que eso?

COMPORTAMIENTOS

Para lograr una *autonomía de comportamiento*, los adolescentes no sólo tratan de tomar sus propias decisiones, también tratan de mantenerse en ellas *independientemente* de sus padres. Ya sé lo que estás pensando: ¿mi adolescente? ¿Tomar una decisión *por sí mismo*? ¿Y apegarse a ella? Es justo lo que dije. No hablo de que *tú* tomes una decisión que consideras es la mejor para tu hijo adolescente y esperes que él se apegue a ella; por ejemplo, yo decido que sería bueno que mi hijo adolescente coopere como voluntario en el banco de alimentos y espero que lo haga. Hablo de que *tu adolescente* quiere tomar decisiones por sí mismo y de que tiene la determinación de apegarse a ellas. Esto es importante, tanto para los padres como para los hijos. Es importante para los adolescentes porque puede darles experiencia, construir su confianza y hacerlos responsables (aun cuando fracasen). También les da un sentido de libertad y les ofrece al menos la impresión de que sus padres los apoyan y creen en ellos. Todas son cosas positivas ¿verdad?

Pero la perspectiva y la experiencia de los padres pueden no ser tan positivas. Permitir a los adolescentes tomar decisiones por sí mismos es muy importante para nosotros como padres, porque cuando los vemos hacerlo, nuestros cerebros se ven invadidos por todos los escenarios de «¿qué tal si...?»: ¿*Qué tal si* toma una decisión que lo lastime? ¿*Qué tal si* se pone en peligro por su decisión? ¿*Qué tal si* hace algo estúpido y pone en riesgo todo su futuro? ¿Que cómo sé que estas cosas cruzan por tu mente? Mis propios adolescentes me hicieron la maestra de los escenarios «¿qué tal si...?», mientras pasaba noches en vela preocupada por si ellos estaban haciendo «lo correcto», rezaba a toda la corte celestial y a todos los seres mágicos pidiendo que llegaran sanos y salvos a casa.

El punto fundamental es que los padres sabemos mucho; y sabemos que nuestros adolescentes saben poco. Después de todo, también fuimos adolescentes. Y si somos valientes para admitirlo, cuando pensamos en alguna de las decisiones idiotas que tomamos en el pasado, varios de nosotros concluiríamos que de milagro estamos vivos. ¡Vamos, admítelo!, estamos entre amigos. Como personas que hemos tomado decisiones vergonzosamente estúpidas y sobrevivimos a ellas, comprendemos que algunas cosas sólo se aprenden con la experiencia de los años. Sabemos, por ejemplo, que los cerebros de nuestros adolescentes no están totalmente desarrollados y carecen de la habilidad de pensar eficientemente para ponderar los beneficios y las posibles consecuencias cuando toman decisiones. Sabemos también que, debido a la presión de los padres y a otras influencias sociales, los adolescentes son más propensos, comparados con (la mayoría de) los adultos, a asumir conductas de riesgo que pueden causarles daño o algo aún peor. Sabemos que hay depredadores y oramos para que nuestros adolescentes tomen decisiones que los mantengan a salvo. Sabemos que los accidentes a veces simplemente ocurren, y no hay nada que podamos hacer al respecto, y darnos cuenta de ello, nos saca de quicio. Podría seguir, pero creo que ya captaste. Tenemos suficientes razones justificadas para preocuparnos acerca de dejar que nuestros adolescentes tomen sus propias decisiones, y me pregunto cómo hacemos para lograr conciliar el sueño de vez en cuando.

Pero he aquí algo de información sobre las decisiones de los adolescentes que, por fortuna, nos da esperanza. Mientras viajan a través de este intrincado periodo de desarrollo, mejoran sus habilidades en la toma de decisiones. Cuando alcanzan la adolescencia más avanzada (cerca de los 17), se vuelven más conscientes de los riesgos, se hacen mejores en cuanto a la consideración de futuras consecuencias y buscan consejo y retroalimentación de fuentes confiables. Seguramente son más susceptibles a la presión de los pares en los primeros años de la adolescencia, pero hacia la mitad, y ciertamente al final de la etapa, son menos propensos a la presión de «seguir al rebaño». Y las mejores noticias son que en temas importantes, en asuntos a largo plazo que tienen que ver con los sistemas de creencias y valores, la influencia de los padres es más importante que la de los compañeros. La opinión de sus amigos importa más en áreas de la vida del día a día, por ejemplo, en cosas como la música que escuchan y la ropa que usan. Subrayo: ¡los padres siguen contando en lo referente a temas importantes! ¿Te sientes aliviado? Bien.

VALORES

Ahora, la *autonomía de valores*. Cuando nuestros hijos son pequeños procuramos inculcarles la habilidad de reconocer la diferencia entre bueno y malo, así como la importancia de considerar a otros y de ser considerados. Y hasta un cierto punto lo captan. Pero no es sino hasta la adolescencia que logran una comprensión más madura sobre el razonamiento moral y sobre los dilemas, junto con un sentido de importancia de las creencias religiosas y del altruismo (ayudar a otros). El investigador Lawerence Kohlberg sugiere que los humanos desarrollamos la habilidad de elaborar juicios morales a través de un proceso paulatino. Afirma que, tratándose de situaciones ambiguas de tipo moral o ético, los niños pequeños toman decisiones basándose en la noción de consecuencias y recompensas. En otras palabras, hacen cosas buenas con la motivación de lograr un reforzamiento verbal positivo o una estrellita en la frente, y evitan hacer cosas malas por miedo a ser castigados o puestos en la lista negra.

Conforme maduran, los adolescentes alcanzan un punto en el que sus decisiones se basan en el razonamiento moral, que es mucho más complejo y abstracto. No sólo toman en cuenta las reglas sociales, las leyes y las expectativas, también comienzan a pensar acerca de distintos temas en términos que trascienden las normas sociales. Su razonamiento prosocial se vuelve mucho más sofisticado y son capaces de comprender verdaderamente lo que está bien y lo que está mal de manera significativamente más amplia y a una escala más inclusiva. Ahora son capaces de identificar, por ejemplo, que un acto de bondad o alguna forma de comportamiento altruista es bueno, sin importar si existe alguna consideración política o legal que establezca lo contrario (piensa en dar dinero a una persona sin techo, a pesar de que sea ilegal). Hasta aquí todo bien, excepto por el hecho de que la investigación también demuestra que, a pesar de que los adolescentes adquieran una comprensión teórica sobre el bien y el mal y puedan pensar en temas sociales con una nueva certeza moral absoluta, sus comportamientos no necesariamente reflejan esa lógica. La mayoría de los adolescentes continúan enfocándose en sí mismos y se comportan de maneras muy egocéntricas, realizando actos muy egoístas. Por tanto, a pesar del avance en ciertas áreas (por ejemplo, el desarrollo moral), debemos recordar que los adolescentes siguen teniendo déficit en otras áreas (por ejemplo, el egocentrismo) y, consecuentemente, el nivel de comprensión del adolescente no corresponde con sus conductas reales.

Otra área en la cual nuestros adolescentes florecen en el tema de *autonomía de valores* es el reino de las creencias religiosas y espirituales. Recuerdo claramente haberme quedado con los ojos abiertos a los 17 años al descubrir por vez primera en mi vida que había otras religiones en el mundo además de la mía. Hasta ese momento había tenido una vida protegida, pero, oye, no sabes lo que no sabes. Crecí en una familia católica mexicana muy tradicional, en la que las creencias religiosas permearon todo, desde lo más importante hasta las minucias de la vida. Al crecer, mis hermanos y yo, estuvimos rodeados por otros chicos de familias católicas mexicanas, y estos chicos sin duda creían y se comportaban exactamente como lo hacíamos nosotros.

Para mí, la religión familiar y mi identidad cultural eran una misma cosa. Pero cuando fui a la universidad y empecé a conocer personas de todo el mundo, me sentí como si hasta entonces hubiera estado observando la vida a través de una mirilla. Hasta ese momento, no tenía idea de lo que me estaba perdiendo. Adquirí una visión amplia de las diferentes perspectivas que la vida nos ofrece y estaba desesperada por probarlas todas. Recuerdo haber pasado horas en la biblioteca de la universidad explorando nuevas ideas. Durante una de las visitas me topé con el libro de L. Ron Hubbard sobre Cienciología y quedé absolutamente fascinada por cuán diferente era de mi propia doctrina. Nunca renuncié a mis propias creencias, y la mayoría de los adolescentes se mantienen apegados a los valores centrales que les enseñaron sus padres, pero debo decir que en esa época comencé a explorar diferentes religiones, diversos puntos de vista políticos y una variedad de perspectivas sexuales. Y éste es justamente el punto. Conforme los adolescentes adquieren mayor habilidad cognitiva para cuestionar y comprender conceptos mayores, y logran una mayor libertad para explorar y decidir por ellos mismos lo que *ellos* eligen creer, alcanzan una verdadera autonomía e independencia y dan un paso más para acercarse a ser la persona que quieren ser.

Una breve nota aclaratoria: cuando los padres tratan de sofocar el deseo de independencia y autonomía de sus adolescentes, sus esfuerzos seguramente se toparán con resistencia y rebelión. Cuando eras adolescente ¿tus padres dejaron claras las reglas tan enérgicamente que te parecía una invitación o incluso un reto? Si los adolescentes oyen cosas como «Tienes absolutamente prohibido...», lo que sigue en términos de respuesta conductual no suele ser bonito.

Recuerdo que crecí escuchando a mis siete tías chismorreando y hablando de otras personas, enfocándose especialmente en el hijo patán de cualquiera de las tías que en ese momento no estuviera presente para defenderse y defender a su hijo. Lanzaban juicios y rencores con ligereza, sobre todo respecto a ese tipo de crianza que llevaba a esos horribles y vergonzosos comportamientos que en aquella época solían criticarse. Un día, una de mis tías anunció con orgullo que su hija de 15 años no tenía permitido usar maquillaje. «Oh, no», declaró mi tía, como si su declaración fuese merecedora del premio al padre del año, «ella es una belleza natural y es tan buena chica, y sabe que no tiene permitido usar maquillaje y obedecerá mis reglas». Mmmmmm.

Mi prima y yo estábamos en la misma secundaria, y mi tía no se daba cuenta de que después de dejarnos en la escuela en las mañanas, mi prima se iba directo al baño de chicas a cubrirse con capas y capas del maquillaje más barato y espantoso que jamás hayas visto en una persona. Yo sigo comparándolo con una mezcla entre un Insane Clown Posse* y la cara de Tammy Fayer Baker.** Lo que mi prima hizo patente, en un claro acto de máxima rebelión, fue que su madre no iba dictar lo que ella se ponía en la cara, y que no obedecería *ninguna* de sus imposiciones. También cambiaba su atuendo por uno de esos que sólo ves en las profesionales de la calle. No hace falta decir la reputación que adquirió.

Moraleja de la historia: permite a tus hijos, hasta cierto punto, que exploren y encuentren por ellos mismos lo que quieren ser; no hagas de cualquier cosa el «fruto prohibido» que sienten que *necesitan* tener a toda costa. Si tú, como padre de un adolescente, optas por la postura absoluta y punitiva, no te sorprendas si tu hijo hace exactamente lo que le prohibiste; o prepárate a la posibilidad de que simplemente oculte su comportamiento o te mienta al respecto. Por favor toma en cuenta que dije «hasta cierto punto», y no «libertad completa e irrestricta». No estoy sugiriendo que los adolescentes no deban tener reglas, límites o linderos. Lo que sugiero es que nosotros, como padres de este grupo ya de por sí desafiante de chicos, pensemos y nos comportemos estratégicamente en lugar de hacerlo emocionalmente cuando se trate de establecer los límites dentro de los cuales deben moverse nuestros adolescentes. Si planteamos tales límites y reglas como absolutas, lo que hacemos es establecer las bases para que los chicos crucen precisamente esa línea. Recuerda, los chicos adoran los retos, sobre todo cuando tienen que ver con sus

---

* Dúo estadounidense de hip hop cuyos integrantes se maquillan como payasos malvados (n. de la t.)

** Famosa evangelista de la TV estadounidense que se caracteriza por su maquillaje excesivo (n. de la t.)

padres en lo que consideran reglas tontas y ridículas. Considérate advertido de las reacciones del adolescente ante ese tipo de límites. En resumen, el objetivo de nuestros adolescentes de lograr su verdadera autonomía no puede cumplirse si los padres se la negamos o nos resistimos a esta. Por el contrario. A fin de ayudar a nuestros jóvenes a alcanzar de forma exitosa su independencia, debemos establecer relaciones familiares cercanas y de apoyo, de manera que sepan sin lugar a dudas, que son amados y respaldados al embarcarse en este periodo de exploración emocional y de comportamiento, con todas sus pruebas y errores. A pesar de esta abrumadora y aparentemente colosal tarea, como padres debemos apoyar a nuestros hijos en su afán por independizarse de nosotros. Desde luego, deben saber que con la libertad se incrementan las responsabilidades; pero *debemos* alentarlos a emprender el camino solos y, al mismo tiempo, mantener una cercanía emocional con ellos.

Recuerda que los padres seguimos teniendo una tremenda influencia en nuestros hijos, especialmente cuando se trata de las cosas importantes y duraderas de la vida. Las investigaciones indican que los adolescentes reportan tener considerablemente más confianza y respeto por sus padres que por sus compañeros, sobre todo cuando llega el momento de tomar decisiones importantes en la vida. Buscan en nosotros guía y aceptación incondicional, mientras que de manera simultánea buscan independencia y límites. ¿Parece confuso? ¡Es porque así es! Ser padre de un adolescente significa que nuestro mundo está lleno de confusión y frustración. Con frecuencia puede que no tengas idea de qué hacer en una situación particular, y está bien. Créeme, no estás solo. Pero déjame decirte esto: si sólo das un paso atrás y recuerdas lo que era estar en los zapatos de tu hijo, y también recuerdas que dar apoyo y amor a tu adolescente pase lo que pase, va mucho más lejos, la relación entre ustedes estará llena de respeto y admiración mutua. Y tú, amigo mío, conquistarás con orgullo uno de los retos más importantes de la vida: criar a un ser humano decente.

VAMOS, ¡SUELTA UN POQUITO!

Amamos a nuestros hijos con todo el corazón. Desde siempre hemos invertido incontables horas, dinero y desvelos tratando de asegurarnos de que estén a salvo y bien cuidados. Y ahora ¿cómo nos pagan estos chicos al llegar a la adolescencia?, si lo que quieren es pasar todo el tiempo con sus amigos. Quiero decir, a veces los adolescentes actúan como si pasar tiempo con la familia fuera el peor castigo. Tal vez sean sólo *mis* hijos los que actúan así, pero ahí está el punto: sé que no quieres oír esto, pero llegó el momento de soltar.

Si parte de la meta de la adolescencia es volverse independientes y autónomos —y lo es—, los padres deben captar cómo empezarán a darles a sus hijos esa libertad que ansían desesperadamente. Esto no es sencillo. A menudo, como padres, nos preguntamos si nada hacemos bien. Como sabes, los padres de adolescentes están plagados de preguntas como: ¿debo dejarlo ir a esa fiesta o es muy joven aún? ¿Lo debo dejar ir a ese viaje, será suficientemente responsable? ¿Cómo puedo asegurarme de que va a estar a salvo? ¿Estará bien en la universidad? ¿Cuántas veces al día debo llamarle? La realidad es que debemos confiar en nosotros mismos *y* en nuestros hijos. Confiar en que has hecho un gran trabajo criándolo hasta ahora, y que continuarás comunicándote con él y brindándole la información que necesita para tomar buenas decisiones.

Debemos también confiar en nuestros adolescentes y hacerles *saber* que ¡confiamos en ellos! Al hacerlo les enviamos el mensaje de que está bien que abran un poco sus alas, y eso les da un sentimiento de apoyo y confianza. Y no olvidemos que nadie es perfecto. Debemos esperar que haya errores de ambas partes, pero ¿adivina qué? Las equivocaciones llevan al aprendizaje y en última instancia al éxito, así que, adelante papás, suelten un poquito. Gradualmente, tú y tu adolescente encontrarán lo que les funciona mejor, y al final estarán contentos de haberlo hecho.

5
ENFRENTA LOS TEMAS ESCABROSOS:
HABLA CON TU ADOLESCENTE SOBRE LA PUBERTAD Y EL SEXO

HABÍA UNA VEZ UN HADA MADRINA que llegó a la tierra a enseñarles a todos los niños lo que les sucede en sus cuerpos al crecer. Los padres de adolescentes amaban a esa hada madrina. Sus hijos aprendían todo sobre la pubertad y la reproducción, y todos vivían felices para siempre. *Fin*.

Como padres de personas jóvenes, cuyos cuerpos están sometidos a tremendos cambios fisiológicos, *quisiéramos* tener un hada madrina que nos ayudara con esta tarea, que parece monumental, de educar a nuestros hijos acerca de la pubertad, la sexualidad y la reproducción. Sin duda, éstos son algunos de los temas más complicados que, como padres, tenemos que enfrentar conforme nuestros hijos crecen hacia la madurez física. No sólo es difícil, también puede infundir temor, vergüenza, extrañeza e incomodidad para ambas partes.

Para ser claros, no me refiero sólo a tener «la conversación» con tu hijo, aunque eso es parte del todo. Tener «la conversación» implica que te sientes con tu hijo *un* día y tengas *una* nebulosa conversación sobre sexo que dura *un* minuto, y luego ya no se hable más de ello. ¡Fiu, qué bueno que terminó! A lo que me refiero es a ayudar a tu hijo a entender por completo el proceso y las emocionantes (y a veces aterrorizantes) implicaciones físicas, cognitivas y sociales, que acompañan a los cambios físicos de la pubertad. Tal vez deberíamos ver esto como un viaje. Un viaje que implica que tu hijo se convierta en un hombre o mujer totalmente maduro; un viaje en el que tanto tú como tu hijo saben que *ahora* la reproducción biológica es posible; y un viaje en el cual debes ir haciéndote a la idea de que no sólo se ve mayor y quiere ser tratado como mayor, sino que también otros (es decir, los del sexo opuesto) se dan cuenta de que se ve mayor... y más deseable. Es ahí cuando las mamás quieren abrazar a sus «bebés» y encerrarlos en su habitación hasta que cumplan 30, y cuando papá ¡saca la pistola!

IMPARTIR CONOCIMIENTO

Como sabes, los viajes significativos que ocurren en nuestras vidas por lo general no duran un día. Del mismo modo, comunicarte con tu hijo acerca de temas como sexualidad y reproducción, eyaculación y menstruación conlleva muchas conversaciones y tiempo, esfuerzo y paciencia de tu parte. En ocasiones, repentinamente surge un tema y tienes que enfrentarlo estés listo o no. Por ejemplo, un día mi hija Susan llegó de la escuela primaria, y al preguntarle cómo estuvo su día, ella respondió: «Mamá ¿qué es una chupada?» ¿Qué rayos? Por suerte estaba muy pequeña como para descifrar la cara de horror que puse. A continuación me explicó con su vocecita de niña de cuarto grado, que había oído a unos chicos de su clase decir esa palabra entre risitas, y nada más quería saber qué significaba. Así que se lo expliqué. Honestamente. Por supuesto, utilicé un lenguaje adecuado para cuarto grado.

Estas conversaciones requieren perseverancia, porque los adolescentes temen a estas situaciones tanto o más que sus padres. Tristemente, es muy común que los padres no estén disponibles o deseosos de emprender este viaje con sus hijos, lo que por lo general resulta en una comunicación mínima entre padres y sus adolescentes respecto a la pubertad, las relaciones, la sexualidad y la reproducción. Y ¿por qué sucede esto? Hay gran cantidad de razones y ya llegaremos a ellas. Primero es necesario señalar que algunos padres discutirán con sus hijos estos temas con la facilidad de un orador, con la cuidadosa habilidad de un consejero y con la informada sabiduría de un gran maestro. Estos padres comienzan por alentar a sus hijos desde pequeños a hablar abiertamente de las partes de su cuerpo (empleando términos científicos y no nombres ridículos como pilinga y rayita), de las funciones corporales, del desarrollo y otros asuntos relacionados con la maduración de la pubertad, todo sin rastro de vergüenza o pena. A estos padres: los saludo. Se requiere mucho valor y determinación para mantener a tus hijos informados con la verdad, sobre todo cuando la pubertad y la sexualidad no son sus temas favoritos para discutir con sus madres y padres. Así que, sigan así. No sólo eres una inspiración para otros padres, sino que además das ejemplo a sus hijos, quienes a su vez serán grandes comunicadores y consejeros con sus hijos. Por último, continúen leyendo, ya que espero ofrecerles algo de inspiración y quizás algunos instrumentos más para su caja de herramientas de comunicación padres-hijos.

A pesar de lo que nos gustaría creer, la realidad es que la mayoría de los adolescentes son ignorantes (lo digo en el sentido más puro de la palabra) o están mal informados sobre la maduración en la pubertad y la reproducción. Lo sé muy bien. Cada año imparto la materia de Sexualidad Humana en la universidad, y esta clase siempre tiene enorme demanda, el registro se hace conforme van llegando y habitualmente los estudiantes que vienen son los mayores porque tienen prioridad para inscribirse. El primer día de cada semestre pido a los alumnos que escriban cualquier cosa que quieran saber sobre sexualidad. *Cualquier cosa.* Y como generalmente empiezan el semestre sintiéndose muy ansiosos, tímidos e incómodos, me aseguro de que sus preguntas permanezcan anónimas y los aliento a que sean abiertos y honestos en sus peticiones. De ahí en adelante, comenzamos cada clase leyendo una de las preguntas al azar y discutimos la respuesta, en especial si se refiere a lo que veremos en clase. Además de que esta práctica es interesante y de algún modo entretenida, es un excelente ejercicio académico que me permite proporcionar información sobre temas que los estudiantes quieren discutir, y sobre los cuales buscan respuestas.

Lo que inevitablemente me impresiona es la naturaleza de algunas de estas preguntas. Es muy doloroso para mí que muchos de estos adolescentes mayores, a pesar de ser universitarios que se supone tienen cierta «experiencia», aún carezcan de información básica no sólo respecto al acto sexual (y a todo lo que implica), sino también sobre sus propios cuerpos, reproducción, diferencia de géneros y emociones correspondientes a las relaciones. Para darte una idea del tipo de preguntas que los estudiantes me presentan, daré unos ejemplos:

Pregunta femenina: «Cuando utilizo un tampón ¿éste va en el mismo orificio por donde orino?» **Respuesta:** No.

Pregunta masculina: «¿Por qué me siento excitado TODO EL TIEMPO? ¿Es normal? ¿Las chicas se sienten igual, o soy un bicho raro?» **Respuesta breve:** Testosterona, y sí, es normal. Las chicas también se excitan.

Pregunta femenina: «¿Me puedo embarazar si tengo sexo cuando estoy en mi periodo?» **Respuesta:** Sí.

Pregunta masculina: «Si me estoy excitando con una chica, pero no tengo condones, ¿el plástico autoadherible puede servir?» **Respuesta:** No.

Pregunta femenina: «Estoy tratando de permanecer virgen, pero quiero demostrarle a mi novio cuánto lo amo. He escuchado que si sólo tengo sexo oral y anal sigo "protegida". ¿Es cierto?» **Respuesta:** No.

Pregunta masculina: «Cuando mi chica y yo tenemos sexo, siempre me retiro antes de terminar, ¿esto evita el embarazo y las ETS?» **Respuesta:** No.

Pregunta masculina y femenina: «¿Qué es el amor y cómo lo encuentro?» **Sin respuesta.**

Ahora, querido lector, ten presente que aun cuando estas preguntas puedan resultar divertidas, sorprendentes o den miedo, son reales y nos permiten reflexionar sobre la pobreza de la información que tienen los muchachos mayores. También ten presente que éste podría ser algún día *tu* hijo, así que de manera respetuosa doy estos ejemplos no para divertir, ridiculizar a los muchachos o asustar, sino para ilustrar a los padres sobre la necesidad de comunicación entre sus hijos y sus primeros maestros: ustedes.

Hoy en día los chicos obtienen la mayor parte de la información (la poca que tienen) sobre la madurez de la pubertad y la sexualidad de sus amigos o de internet, y sin importar qué tan listos sean sus amigos, y a pesar del vasto tesoro de datos en la red, estas fuentes no siempre son fidedignas o confiables. Así pues, surge la pregunta: ¿Qué nos impide a nosotros, como padres, armar a nuestros hijos con conocimiento real sobre estos importantes, sensibles y tremendos temas? Después de todo, conocimiento es poder... todos lo sabemos. Entonces ¿por qué es tan difícil?

ZONA LIBRE DE JUICIO

La primera y más obvia razón por la que tenemos problemas para discutir de sexo con nuestros hijos, es que el sexo, y todo lo remotamente asociado a él, es un tema tabú en nuestra sociedad. Debido a que el desarrollo de la pubertad, la sexualidad y la reproducción están indisolublemente ligados, todos son temas (dentro del amplio marco de los comportamientos sexuales) vistos como prohibidos, específicamente tratándose de nuestros hijos. De hecho, hay organizaciones enteras, sean religiosas, políticas o sociales, que desalientan abordar los temas relacionados al sexo (en cualquier contexto, pero en especial en la escuela) por miedo a promover o alentar a nuestros hijos a ser libertinos. A esto yo digo: ¡sandeces! Por supuesto, a ningún padre le gusta pensar en su pequeño o pequeña como un dios o diosa del sexo haciendo todo ese tipo de cosas sucias que nosotros solíamos hacer cuando éramos jóvenes, pero hay que aprender y enfrentarlo. Tal vez reflexionar sobre las cosas que solíamos hacer sea parte del problema. Nuestra atención debe centrarse en armar a nuestros hijos con conocimiento y darles la correcta información en lugar de confiar en que ellos la busquen en otro lado.

A pesar de las presiones y los juicios sociales, nosotros como padres haríamos más daño a nuestros hijos si en vez de hablarles valientemente y con la verdad sobre sexo, preferimos esconder la cabeza en la arena y pretender que no están interesados en el tema. Al resistir los juicios de la sociedad y aceptar el innegable hecho de que nuestros hijos inevitablemente se convertirán en seres biológica, psíquica y reproductivamente sexuales, los padres tenemos la oportunidad de criar adultos bien informados, seguros y saludables. La investigación en ciencias sociales ha demostrado que los chicos despiertan a la sexualidad mucho antes de lo que se cree, ya que son naturalmente curiosos de sus propios cuerpos y los de los demás.

Mi hijo Gabriel y su prima Olivia tienen la misma edad. Desde que eran bebés disfrutaban juntos de los baños de burbujas. Se hacían cosquillas y jugaban gozando en verdad la compañía del otro sin jamás darse cuenta de las diferencias de sus cuerpos desnudos. Pero un día, cuando tenían cerca de cuatro años, Olivia tuvo una revelación. Después de mucho observar, exclamó: «¡Oye, yo no tengo uno de esos!», señalando al pene de Gabriel, a lo que éste replicó, «Mami, ¿por qué yo tengo y Liv no?» Y respondí. No habían notado la diferencia en sus cuerpos, pero de pronto lo hicieron y despertó su curiosidad y su interés por las respuestas. Definitivamente, habían hecho un gran descubrimiento y tuvieron un momento de eureka.

Sabemos que alrededor de los tres o cuatro años los niños empiezan a explorar sus propios cuerpos y tal vez incluso comiencen a masturbarse. Sí, la dije: la aterradora palabra con «M», y arriesgándome a que cierres el libro, te pido que consideres esto: cuando menciono que los niños se masturban, ¿estoy insiuando que los dulces pequeñitos tienen comportamientos de adultos como ver las páginas centrales del *Playboy* o pornografía? Desde luego que no. Los pequeños simplemente comienzan a darse cuenta de que algunas cosas se sienten bien. Es una respuesta fisiológica muy básica. Por ejemplo, ¿has estado alguna vez en un parque acuático y has visto a niños apiñarse en torno a un chorro de agua, compitiendo por un lugar, tratando de que el chorro atine a cierto punto? Al inicio, esto sucede accidentalmente, luego se dan cuenta de que se siente genial. ¿O tal vez has visto a un niño (tal vez a tu niño) pasar mucho tiempo apretando las salidas de agua de una alberca o una bañera? Esto que describo es sencillamente un asunto de terminaciones nerviosas y de respuestas fisiológicas corporales, así que por favor no confundas los comportamientos de los pequeños con los de los adolescentes o los adultos. Algunas cosas se sienten bien, y todos lo sabemos.

El problema empieza cuando los padres, los maestros o la sociedad reaccionan negativamente a la curiosidad, causando vergüenza y culpa. En consecuencia, los niños aprenden a disfrazar su interés y su curiosidad. Nuevas investigaciones demuestran que el mensaje «si se siente bien, debe de ser malo», refiriéndose a la sexualidad, con frecuencia lo interiorizan los niños a una edad temprana, y puede llevar potencialmente a trastornos psicológicos y sexuales en la vida adulta. Por tanto, la comunicación abierta con nuestros hijos de manera regular acerca del desarrollo de sus cuerpos, del proceso de la pubertad y, sí, acerca del S-E-X-O, sin juicio y sin miedo, nos conduce a formas que protegen a los chicos de daños imprevistos (embarazos tempranos, infecciones de trasmisión sexual, etcétera), y además los colocan en una positiva trayectoria de vida. Nuestra actitud abierta y confiada al manejar estos temas puede tener un impacto duradero en las decisiones de nuestros adolescentes y ayudarles a elaborar una visión sana en torno a los temas que son tan naturales como la vida misma.

CONOCIMIENTO REAL

Otra razón por la que los padres evitan hablar a sus adolescentes acerca de temas que tienen que ver con la sexualidad, es que ellos mismos sienten que no están informados de manera adecuada. La reproducción humana, la sexualidad y la pubertad ocurren desde..., bueno, desde el principio del hombre (¡y de la mujer!). Pero sólo porque se ha venido dando desde siempre, no significa que realmente sabemos qué es lo que estamos haciendo o cómo explicarlo a nuestros adolescentes. Como dice Confucio: «El verdadero conocimiento es saber la magnitud de la propia ignorancia»; pero como el sexo es un tema con una fuerte carga moral y política para muchas personas, a veces es difícil para los padres tener el valor de informarse. De hecho, muchos padres dejan que alguien más haga el trabajo por ellos... se llaman maestros. ¿Pero adivinen qué, papás? Ustedes asumen que los maestros enseñarán a sus adolescentes lo que necesitan saber, en las clases de educación sexual o de salud; pero por razones éticas e incluso legales, los maestros puede que no quieran abordar el tema a profundidad, pues suponen que los padres enseñarán a sus hijos lo que necesitan saber.

Y mientras tanto, *nadie* proporciona a los chicos información crítica sobre sexo, y permanecen en la oscuridad acerca de cuestiones importantes que inevitablemente jugarán un papel determinante en sus vidas. Éste es el problema real. He aquí las buenas noticias: hoy vivimos en un mundo donde tenemos información en abundancia, literalmente, al alcance de la mano. Hay toneladas de libros acertados y confiables, sitios web, y otros recursos que nos ayudan a encontrar la información necesaria para ayudarnos a comunicarnos con nuestros adolescentes. Me gustaría ayudarte en la búsqueda de estar bien informado y motivado para que hables con tu adolescente sobre estos temas escabrosos, ofreciéndote algunos datos que todo padre debe conocer. Lo llamaremos el meollo, el vademécum del desarrollo de la pubertad y la sexualidad, que puedes incluir en tu caja de herramientas para la comunicación.

- La edad promedio en que los adolescentes inician la pubertad, en los Estados Unidos, oscila aún en torno a los 12 años. No obstante, la pubertad está ocurriendo antes en niños y niñas por varias razones.
- Las niñas inician su pubertad aproximadamente dos años antes que los chicos.
- Uno de los primeros signos de pubertad es el estirón repentino del adolescente, donde el chico alcanza el pico de velocidad en estatura, seguido por el desarrollo de las características sexuales primarias (gónadas-testículos y ovarios), y de las secundarias (pechos y vello facial y corporal).
- La pubertad temprana puede iniciar a los siete años en las niñas y a los nueve y medio en los niños, o bien hasta los 13 años en las niñas y 13 y medio en los chicos; y el tiempo entre el primer signo de pubertad y la madurez física completa puede ser tan breve como un año y medio o tan largo como seis años.
- Existen algunas diferencias en el desarrollo de la pubertad entre los diferentes grupos étnicos: en los Estados Unidos,

los chicos negros inician la pubertad antes, seguidos por los latinos, después los blancos; esto probablemente se debe a diferencias étnicas en cuanto a ingresos y/o peso, pero quizá también debido a la exposición a químicos que estimulan la pubertad temprana. La maduración anticipada puede traer ventajas sociales (atención de sus compañeros, popularidad, habilidad en ciertos deportes), pero los «maduros tempraneros» también corren el riesgo de varios problemas como un mayor uso de alcohol y drogas, delincuencia y actividad sexual temprana.

- Algunos factores relativos a la maduración temprana de la pubertad (especialmente en niñas) incluyen:
  - Crecer en familias poco unidas y en conflicto;
  - Crecer en hogares sin un padre natural, con un padrastro o con otro varón no ligado biológicamente (feromonas);
  - Estrés (pequeñas dosis de estrés pueden acelerar el proceso de la pubertad, y gran cantidad de estrés puede retrasarlo).
- Una vez que la pubertad ha iniciado, el acto sexual puede llevar al embarazo. Los adolescentes físicamente maduros, chicos y chicas, son más propensos a interesarse en actividades románticas con el sexo opuesto, que sus compañeros menos maduros.
- La composición de grasa del cuerpo puede afectar la pubertad: la obesidad está ligada a una maduración de la pubertad temprana; en cambio, un peso bajo extremo, y/o ejercicio excesivo pueden retrasar o incluso detener el proceso de la pubertad (por ejemplo, las bailarinas de ballet, las gimnastas, las personas con anorexia nerviosa).
- Las emisiones nocturnas (sueños húmedos) son una forma de orgasmo espontáneo que implica eyaculación durante el sueño para los varones o la lubricación de la vagina en las chicas. Son más comunes en las primeras etapas de la pubertad, pero pueden continuar pasada la adolescencia.
- La masturbación es completamente normal y puede ser incluso una forma saludable mediante la cual los jóvenes co-

nocen sus cuerpos. Contrario a lo que muchos piensan, los hombres y los chicos no son los reyes de la masturbación. Tanto hombres como mujeres de todas las edades se masturban, ¡sólo que no hablan de ello!

- Muchos chicos han experimentado orgasmos a través de la masturbación antes de tener sexo con otra persona. El dato es menos claro en el caso de las chicas. Hay una progresión típica en el desarrollo de la conducta sexual que tanto varones como mujeres siguen. La secuencia de comportamiento para la mayoría de los adolescentes en Estados Unidos es: darse la mano, besarse, toqueteo, tocar los pechos a través de la ropa, sentir los pechos sin ropa, sentir el pene a través de la ropa, sentir el pene sin ropa, sentir la vagina a través de la ropa, sentir la vagina sin ropa, coito o sexo oral.

- Hay muchas formas de control de la natalidad disponibles, pero la única manera de protegerse de un embarazo y de infecciones de transmisión sexual, es el empleo de barreras protectoras (condones) o la abstinencia total.

Papás, hasta aquí el marco general del tema. Nuestros «bebés» necesariamente atravesarán la pubertad, y se interesarán en el sexo. Es un hecho innegable, hermoso y atemorizante que debemos aceptar. Y todos sabemos que si los adolescentes realmente quieren averiguar algo, recurrirán a sus amigos o al internet para encontrar respuestas y, a menudo, el «conocimiento» que adquieren de estas fuentes no es precisamente acertado o confiable. ¿Por qué no recurrir a sus padres, las personas que supuestamente saben una o dos cosas acerca de estos temas, dada su larga experiencia de vida? Después de todo, sus padres han metido corazón, alma y finanzas en ellos a lo largo de su vida. Los adolescentes recurren a otras fuentes de información porque, a pesar de que sus padres estén bien informados, sean inteligentes y adultos con experiencia, la idea de tener este tipo de conversación con su madre les produce estrés emocional e incomodidad física. Mi propia hija me dio la respuesta a esto: «¡Aghh, mamá!» La respuesta de mi hijo: «Mamá, por favor, no... no otra vez». Y mira que he venido recibiendo estas respuestas de mis hijos aun cuando he abordado estos temas con ellos desde que eran pequeños. Pero no debemos permitir que la ansiedad adolescente de nuestros hijos les impida discutir temas difíciles con mamá o papá, pues somos valientes guerreros que no renunciaremos al reto. Y ésta, mis queridos amigos, es la clave: hablen con sus hijos. Háblenles desde temprano y hablen con ellos seguido. Puede resultar increíblemente incómodo para ambos, pero estarán agradecidos por haberlo hecho.

6
LA SOCIEDAD SECRETA:
COMPRENDE EL MUNDO SOCIAL DE TU ADOLESCENTE

LOS SERES HUMANOS NACEMOS como criaturas sociales. En forma persistente buscamos la interacción social con reciprocidad de otros seres humanos. Ansiamos ser aceptados y amados. *Necesitamos* amistades. Como niños, comprendemos el mundo a través de señales sociales, como las expresiones de amor en el rostro de nuestro padre o el dulce tono en la voz de nuestra madre. Al crecer, ampliamos nuestra esfera social para incluir a otras personas ajenas al pequeño círculo familiar. Gracias a nuestros padres, hacemos esto al acudir a preescolar y/o reuniéndonos en grupos de juego, equipos deportivos y demás. Hacia los 10 años nos hemos vuelto bastante astutos en la selección de amigos y, de hecho, dada nuestra recién encontrada propensión hacia la independencia y autonomía, la hemos convertido en la prioridad número uno. En este capítulo trataré de aportar un poco de luz a esta sociedad secreta que es el mundo social de los adolescentes. Compartiré contigo algunos descubrimientos de los grupos de padres y amistades y para qué sirven al desarrollo de nuestros adolescentes. También hablaré del papel que, como padres, tenemos en las selecciones sociales de nuestros adolescentes; y, desde luego, exploraremos el mundo de las redes sociales y consideraremos el significado del concepto de amistad en este extraño nuevo entorno.

PADRES EN LA OSCURIDAD

Si eres más o menos como yo, con frecuencia te preguntarás qué hace tu hijo en su tiempo libre. ¿Con quién está? ¿Qué está haciendo? A diferencia de cuando era pequeño y sabías exactamente dónde y con quién estaba, ahora te sientes como un intruso al mirar hacia el mundo social de tu hijo. Es un sentimiento extraño, ¿cierto? La pregunta que todos nos hacemos es: ¿qué *es* exactamente esta sociedad secreta?, y aún más importante ¿*por qué* es tan secreta? Permíteme empezar por lo obvio: cuando consideramos las amistades y las actividades sociales de nuestros adolescentes, la perspectiva de padres e hijos es muy distinta. Todos sabemos que al entrar en la adolescencia uno de los cambios más significativos en la vida de nuestros hijos es que pasan menos tiempo con la familia y más con sus amigos. Y claro, uno de los principales temores es que nos han reemplazado... y ya no somos necesarios. ¿Suena un poco melodramático? Tal vez, pero sé que me he sentido así, y estoy casi segura de que no soy la única.

La percepción de los padres de este cisma social se basa en que las cosas antes solían ser de otro modo. Lo que quiero decir con esto es que nosotros, como padres de adolescentes, ahora tenemos una buena cantidad de experiencia en antropología, historia, sociología y conocimiento en general, y tendemos a utilizar nuestras propias referencias sociales para hacer comparaciones cuando contemplamos el mundo social de nuestros adolescentes. Primero, está el típico «cuando yo era joven...», que es una comparación para comprender las circunstancias actuales. Por ejemplo, respecto al paradero de nuestros adolescentes, tendemos a pensar: «Cuando yo era joven, mis padres nunca me dejaban ir a casa de un chico» o «Cuando yo era joven, mis padres siempre insistían en conocer a mis amigos, y el tiempo con la familia ¡era obligatorio!» En segundo lugar, está el también típico «cuando mi adolescente era pequeño...» Y va más o menos así: «Cuando era pequeño, le encantaba estar con nosotros» o «Cuando era pequeña, le gustaban los amigos/actividades/ropa que elegía para ella».

Por último, un tercer tipo de comparación que hacemos, tiene que ver con el juicio social; lo llamo el «¿qué van a pensar?». En su trabajo con padres y adolescentes, la investigadora Judy Smetana señala que cuando nos enfrentamos con situaciones sociales conflictivas, los padres acostumbramos a enfocarnos en lo que Smetana llama convención social, es decir, las normas y estándares que definen amigos, parientes y otras personas, mientras que los adolescentes ven la misma situación como algo personal. Por ejemplo, si tu adolescente llega a casa un día con un nuevo *piercing* en la boca y dice que ella y todos sus amigos decidieron hacerse uno igual, Smetana elabora la hipótesis de que tu reacción típica de padre será algo como «¡Cielo santo!, ¿qué van a pensar tus abuelos? ¿Qué van a decir los vecinos... que he criado un *hooligan* del *piercing*?» La respuesta de tu adolescente sería: «Es *mi* boca, *mi* cuerpo, *mi* decisión... ¡así que no me importa lo que los estúpidos vecinos piensen!».

Obviamente, lo que los padres hacemos con estas comparaciones es buscar algún punto de referencia desde el cual tomar una decisión sobre el cambiante mundo social de nuestros adolescentes, que encaje con nuestras experiencias conocidas. Buscamos algo que nos ayude a darle sentido al nuevo panorama social desconocido con el que nos encontramos cuando nuestro hijo llega a la adolescencia; y como nos parece que estamos parados sobre algo sumamente inestable, podemos sentirnos inseguros y con dudas: «¿Lo estoy haciendo bien? ¿Cómo enfrentan otros padres esto?» Más información sobre este tipo de sentimientos vendrá en el capítulo 9.

LA PERSPECTIVA DEL ADOLESCENTE

Como comentamos antes, la perspectiva del adolescente sobre los cambios sociales es bastante distinta a la nuestra. Los adolescentes, de pronto, enfrentan un nuevo mundo de posibilidades sociales. Este novedoso panorama, que se experimenta principalmente en el contexto escolar, ahora da al adolescente la oportunidad de caer bien, de ser aceptado y, más que nada, de ser popular. ¿No recuerdas la importancia crucial que estas cosas parecían tener cuando estabas en secundaria o preparatoria? Las amistades eran ciertamente importantes cuando nuestros hijos eran más pequeños, pero esta nueva esfera social en la que ya como adolescentes hacen sus propias elecciones, rápidamente adquiere prioridad respecto al tiempo que invierten y sobre todo lo demás. Conforme los adolescentes se hacen mayores, la atención a sus amigos y compañeros tiene que ver más con su propia búsqueda de la formación de la identidad y con el modo como quieren ser percibidos por otros.

Allá cuando nosotros los padres estábamos a cargo del calendario social de nuestros pequeños, podíamos establecer los horarios y nuestros chicos experimentarían las amistades con base en la conveniencia (conveniencia, dictada por *nuestro* horario y por *nuestras* elecciones como adultos). Pero conforme se hacen más independientes y conscientes de las diversas elecciones sociales, nuestros adolescentes quieren hacer sus propias elecciones y tomarse la libertad de lo que empiezan a percibir como el poder absoluto que los padres teníamos en un tiempo. Ya no quieren llevarse con alguien sólo porque dices que lo hagan; en lugar de ello, quieren decidir con quién llevarse, a cuál amigo llaman, o qué hacer con su tiempo libre. El psicólogo infantil David Elkind lo plantea así: «Las amistades en la infancia son generalmente un asunto de oportunidad, mientras que en la adolescencia, son más a menudo un asunto de elección». Nos guste o no, eso es lo que pasa, así que nos corresponde recordar cómo es estar en los zapatos de nuestros adolescentes y tal vez soltar... sólo un poquito.

La transición de la primaria a la secundaria tiene una serie de implicaciones sociales serias para nuestros adolescentes en ciernes. Debido a que la adolescencia está marcada por el surgimiento de grupos grandes de pares, la presión de ser vistos, de gustar, de ser aceptados por sus congéneres se torna muy intensa. La misma naturaleza del grupo de compañeros fluye durante la adolescencia y muchos cambios comienzan a ocurrir en el mundo de tu adolescente. Ya he mencionado el incremento sustancial en el tiempo que pasan con sus pares más que con los adultos. Otro cambio que ocurre es que el grupo de compañeros empieza a funcionar ya sin supervisión de adultos y, poco a poco, el contacto con sus pares se va haciendo cada vez más con chicos del sexo opuesto. Ahí es cuando, imagino, muchos de ustedes comienzan a preocuparse; pero no cunda el pánico, esto no es nuevo, ni es grave.

Y no es diferente de cuando estábamos en la escuela hace miles de años: si tuvieras que caminar en una típica secundaria o preparatoria de hoy, las dinámicas sociales son tales que verías dos tipos de grupos de chicos, lo que los investigadores llaman los *grupitos* y las *bolas*. Los *grupitos* son normalmente pequeños grupos de amigos y se definen por actividades comunes o simplemente por amistad. Estos son los pequeños grupos de adolescentes donde los chicos se conocen desde hace mucho tiempo, tal vez por vivir en el mismo vecindario, o por pertenecer al mismo grupo de teatro, de porristas o de deportes. Las *bolas*, por su parte, son más grandes, más vagamente definidas como grupos que se identifican con base en su reputación, tales como *los nerds*, *los deportistas*, *los patinadores*, etcétera. Las bolas sirven para un importante propósito para nuestros adolescentes, ya que son un grupo esencial de referencia para ellos; contribuyen a la definición de normas y estándares para temas como la ropa, las actividades recreativas, los gustos musicales y también aportan las bases para la formación de la identidad del adolescente. De hecho, a pesar de ser más grandes y menos íntimas que los grupitos, las bolas tienen la capacidad de impactar en el comportamiento, porque los adolescentes quieren imitar a los amigos y ser reconocidos abiertamente por otros como miembros de un grupo particular.

Es interesante que todo este crecimiento y desarrollo social suceda mientras nuestros hijos tratan desesperadamente de definirse a sí mismos. Motivados por una siempre presente audiencia imaginaria (y quizá *no tan* imaginaria) y por el juicio eterno de sus pares, nuestros adolescentes están en una búsqueda intensa de la identidad que quieren mostrar al mundo. Casi por ensayo y error, experimentan con ropa, música, cortes de cabello, grupitos, bolas, comportamientos y actividades. Recuerdo con toda claridad a mi hija Sophia cuando entró a la preparatoria, que ensayaba con diferentes personajes tan seguido como cambiaba de ropa. Una semana era *patineta* con todo lo que acompaña al estilo, zapatos grandotes de *patineto* (que, por cierto, me costaron un dineral), pantalones *baggy* (del tipo que vuelven locos a los papás), y por supuesto, esa apariencia mugrosa que hizo famoso a Tony Hawk. La siguiente semana trató de ser parte de la bolita *stoner*, usando camisetas de Bob Marley y diciendo «hermano» todo el tiempo, seguida inmediatamente por su fase *geek*, en la que insistió en ponerse unos lentes tipo nerd, para mi completo deleite académico, que a los ojos de sus compañeros era lo máximo para estudiar y obtener buenas calificaciones.

¿Por qué hacen esto los adolescentes? ¿Cuál es el propósito de «probar» estos diferentes estilos y personalidades, y en concreto, a *quién* tratan de agradar? Mi opinión es que ya sabes la respuesta a estas preguntas. En gran parte, de esta manera es como aprenden a comprenderse y aceptarse a sí mismos. Es cierto, pero ¿a quién engañamos? Uno de los factores principales que motivan a los adolescentes a encontrarse a sí mismos y a tratar de averiguar qué ponerse, qué música escuchar, qué comportamientos tener, y con quién pasar su tiempo, es el sentir que gustan y son aceptados por las personas con las que quieren relacionarse... sus compañeros.

Para algunos de ustedes puede resultar un poco vergonzoso pensar que la verdadera personalidad de su hijo o hija depende de sus amigos o amigas. Pero ¿adivinen qué? Los compañeros, aun cuando lleven gran parte del peso de lo que tiene que ver con el tipo de ropa, música y demás, sólo tienen *un poco* de influencia en la persona que finalmente será su hijo. Los padres juegan un papel clave en las elecciones de las amistades de sus hijos al dar importancia a ciertos rasgos sociales y al predisponer a los adolescentes hacia ciertos grupos; hacen esto, en parte, por reforzar intereses específicos e inculcar valores particulares desde que sus hijos eran pequeños. Además, los padres siguen siendo un fuerte referente para la mayor parte de las cosas importantes, como el sistema de creencias (lectura, creencias religiosas o espirituales, puntos de vista sociopolíticos, etcétera). Así que aun cuando las amistades de los adolescentes influyan en cierta medida en el tipo de ropa que usan o la música que escuchan, la buena noticia es que ustedes siguen siendo la referencia más importante en cuanto a cuestiones fundamentales y, de hecho, tendrán un impacto mayor en las decisiones importantes que tomen en el futuro.

Dicho lo anterior, debo señalar que el campo social en general y el grupo de compañeros de tu adolescente en particular, tienen un propósito muy importante. En realidad, las interacciones sociales de tu adolescente con sus compañeros lo ayudan a promover un desarrollo psicosocial normal, además de ayudarle en el desarrollo de su identidad y a elevar su autoestima y su confianza. Como psicóloga y como madre, déjame decirte que esto es algo bueno. Los compañeros tienden a promover el desarrollo normal en varias formas. Primero, en cuanto a la formación de la identidad, sirven como modelos y también aportan retroalimentación a los miembros del grupo. Así, cuando Sophia incursionaba en los diversos grupos (patinetos, stoners, nerds), ella esencialmente experimentaba con su propia identidad y su autoimagen. Ella moldeaba su comportamiento de acuerdo con el de los miembros del grupo con quienes quería relacionarse, de manera que recibía retroalimentación de ellos, lo que en última instancia la llevaba a tomar la decisión de permanecer o alejarse del grupo, y eso contribuyó a la definición de su ser. Me doy cuenta de que para muchos esto puede parecer como un discurso de psicólogo, pero te aseguro que la idea se basa en años de investigación de adolescentes como el tuyo y el mío.

Los pares y los grupos de pares también coadyuvan al desarrollo de la autonomía. Por la mera existencia de tu adolescente, sus amigos le proporcionan un lugar para que sea él mismo o ella misma (con sus pensamientos, sentimientos y decisiones), con los amigos que elija, haciendo cosas que *ellos* deciden hacer... todo lejos de sus padres. ¿Te acuerdas de lo emocionante que fue salir por vez primera con tus amigos sin tus papás? Yo sí, como mis padres fueron bastante (y quizá con justificación) sobreprotectores con su única hija, experimenté un sentido de libertad y liberación que no he vuelto a sentir. Las dinámicas sociales del grupo de compañeros son tales, que ofrecen a tu adolescente la oportunidad de expresar sus opiniones, sus emociones y tomar sus decisiones; los grupos de compañeros también proporcionan un contexto para que el chico desarrolle habilidades para decidir por su propia cuenta, y esto esencialmente equivale a la práctica. Es verdad. Lo que quiero decir es que, al salir con sus amigos, tu adolescente básicamente pone en práctica cómo ser un individuo dentro del contexto de un grupo social más grande.

Otro comportamiento que los adolescentes practican al agruparse con sus compañeros es la intimidad. ¿Qué? ¿Acabas de decir que mi adolescente «practica la intimidad» cuando va con sus amigos? En realidad, sí lo dije. Pero cuando menciono intimidad dentro de este contexto, no me refiero al comportamiento del tipo «cuchi, cuchi» que la gente generalmente asocia con la palabra intimidad. Lo que quiero decir por intimidad es la habilidad de establecer relaciones de cercanía y unión con las cuales los individuos aprenden a confiar unos en otros, con o sin expectativas románticas o sexuales. Este tipo de conexiones profundas y significativas se forman normalmente hasta que alcanzamos la adolescencia, y es en esta etapa de desarrollo cuando comenzamos a construir el tipo de amistades que requieren un compromiso emocional importante, pero que también son altamente satisfactorias tanto a corto como a largo plazo. Éstas son las amistades con las que ríes, lloras, confías y amas: son recíprocas. Y una vez más, el grupo de compañeros proporciona a los adolescentes el espacio (y las personas) para practicar este tipo de conexiones.

Las conexiones románticas no están fuera del ámbito de lo posible en este contexto, sin embargo, las investigaciones han demostrado que el grupo de compañeros también ayuda a los adolescentes en este tipo de relaciones. Pero antes de que te llenes de preocupaciones, de historias de «y si...», al relacionar las palabras *adolescente* y *sexo*, sólo recuerda que el deseo del adolescente de distanciarse es simplemente tu hijo haciendo su trabajo para convertirse en un ser independiente, totalmente desarrollado, y que incluso las relaciones románticas entre tu adolescente y los chicos de su grupo son un paso más en su viaje por transformarse en un individuo sano, ajustado y maduro.

Por último, al fomentarse el desarrollo psicosocial normal, los compañeros se influyen unos a otros en cuanto a logros se refiere. Los adolescentes ven a los demás del grupo dando zancadas hacia sus metas, y no sólo se apoyan mutuamente, sino que los miembros individuales aprenden unos de otros dentro del grupo acerca de establecer objetivos, del trabajo duro, etcétera. Es como si alcanzar logros se volviera contagioso, y es por ello que a pesar de parecer como una tirada de dados, las elecciones que tu adolescente hace respecto a sus amigos o grupos de amigos con quienes pasa el tiempo son críticas para su éxito futuro. Desde luego que lo opuesto también puede ser verdad, pues los ejemplos negativos y las influencias negativas ocurren. Ser parte de un grupo donde *no hay* objetivos o donde el «logro» significa algo distinto a alcanzar metas positivas —como por ejemplo, ser el mejor en faltar a clases—, puede ser negativo para el éxito de tu hijo. En algunos grupos, estudiar puede ser visto como un defecto y recibir una calificación de Suficiente puede resultar todo un «honor».

Incluso los grupos de compañeros *desviados*, como las pandillas por ejemplo, incluyen a miembros que establecen relaciones íntimas, se apoyan unos a otros y trabajan enfocados en los objetivos del grupo, sólo que tales metas no están en la dirección socialmente reconocida como positiva o buena. Pero recordemos que nosotros, como padres, jugamos un papel clave para ayudar a nuestros hijos a elegir la ruta correcta. A fin de cuentas, nosotros acompañamos a nuestros adolescentes en su gran proeza de navegar en este nuevo escenario social y en desarrollarse en las personas que finalmente se convertirán. Crear una persona socialmente competente, íntegra, interesante y considerada es un esfuerzo de equipo. No es solamente una enorme responsabilidad, sino algo realmente fantástico si lo piensas bien. Así que la próxima vez que tu hijo te pida permiso de ir con sus amigos, considéralo como una tarea psicosocial, y admira la magia de las características individuales de tu adolescente: desarrollarse y florecer.

REDES SOCIALES

Ahora hablemos del mundo social de nuestros adolescentes... en línea. Como sabes, las redes sociales han explotado con esta generación y estas plataformas —léase Facebook, Twitter, Instagram, Tumblr, y cualquier cantidad de nuevos sitios que puedan estar de moda para cuando este libro esté en los estantes de las librerías— llegaron para quedarse. De hecho, algunos adultos consideran (con algo de miedo e inquietud) que, debido a la enorme cantidad de tiempo que los adolescentes pasan en tales sitios, la socialización en línea bien podría reemplazar las interacciones sociales frente a frente con gente real. Esto quizá sea exagerado, pero comprendo completamente el porqué hay gente que piensa esto. Entonces, ¿cuánto tiempo pasan nuestros adolescentes comunicándose con sus amigos en línea? ¿Qué es normal y cuánto es demasiado? ¿Es realmente posible que mi hijo adolescente tenga 2182 *amigos reales*, o deberíamos de establecer un agregado para la palabra «amigo» que indique el nuevo tipo de conexión relacional creada en la escena virtual social? Éstas son sólo algunas de las muchas preguntas que los padres hacen respecto a la vida de los adolescentes en línea, y como seguramente sabes, la falta de información en esta área puede crear gran ansiedad acerca de con quién se están comunicando nuestros hijos, qué clase de impacto tienen las actividades en línea sobre ellos y sobre su futuro, y cómo podemos protegerlos o vigilarlos, si consideramos que apenas podemos permanecer atrás de la curva tecnológica comparados con nuestros hijos.

Numerosos estudios han concluido que una abrumadora mayoría de adolescentes (73 por ciento) usan sitios de redes sociales, y también evalúan las increíbles cantidades de tiempo que los adolescentes pasan en ellas.[1] Sospecho, con base en la vertiginosa velocidad con que los adolescentes se identifican, utilizan y popularizan las nuevas redes sociales, que un porcentaje del 73 por ciento está subestimado. Por ejemplo, los datos de la Kaiser Family Foundation indican que, en promedio, los chicos de entre 11 y 18 años pasan cerca de once horas al día expuestos a medios electrónicos.[2] *Once horas*. Consideremos esto por un momento. Supongamos que ocho de las 24 horas se dedican al sueño, nos quedan dieciséis horas despiertos: casi el 70 por ciento de esas horas despiertos se la pasan frente a una red social. Desde luego, sabemos que nuestros adolescentes no pasan once horas consecutivas inmersos en las redes sociales. Más bien parece ser un uso constante e intermitente a través de los teléfonos inteligentes y de otros aparatos portátiles, con los que los adolescentes inician y terminan su día en las redes sociales, revisándolas incluso durante la noche cuando supuestamente deberían de estar durmiendo. Esto, junto con las infinitas interrupciones en las cenas, conversaciones, y cualquier cosa que requiera que el adolescente se enfoque y ponga atención, es el verdadero problema. Si nada de esto te parece familiar, quizá seas de las pocas familias afortunadas cuyo adolescente no está atrapado en las redes sociales; los demás debemos continuar leyendo.

¿Por qué están nuestros adolescentes tan metidos en las redes sociales, particularmente cuando tienen una vida real, personas vivas con quienes pueden socializar y que en ocasiones están frente a ellos? La respuesta a esta pregunta es de naturaleza variada. Primero y más importante, según indican las ganancias de los teléfonos inteligentes y de Apple, los aparatos tecnológicos con acceso a internet en general, y a las redes sociales en particular, son extremadamente atractivos, sobre todo para los adolescentes que muestran gran orgullo de tener lo último y más caro en tecnología y en otros símbolos de estatus. En segundo lugar, el uso que hacen de las redes sociales los adolescentes lo han asociado varios estudios a importantes constructos psicosociales, tanto positivos como negativos, tales como la formación de identidad, la popularidad, la aceptación, la autonomía, el desarrollo de amistades y relaciones con compañeros. A final de cuentas se trata de que todos los adolescentes participen en las nuevas tendencias. Esto es básicamente el equivalente moderno de lo que para nosotros era hablar con nuestros amigos (utilizando esos anticuados y arcaicos teléfonos fijos) por horas, sin quedar jamás satisfechos y con nuestros padres que no entendían por qué sentíamos la necesidad de usar el teléfono como un apéndice extra. Los niños de hoy simplemente hacen lo que los adolescentes hacen mejor: socializar. Tratan de lograr una mejor posición y estatus en su mundo social. Construyen una imagen. Este concepto es todo menos original... ¡podemos recordar cómo era y lo maravillosos que éramos en aquellos días!

Lo que *es* nuevo es la forma en que se da esta fraternización, y el espacio donde se lleva a cabo. Esta versión contemporánea de la socialización no implica solamente a un adolescente hablando con otro. Oh, no, amigos. Con la ayuda de la tecnología, nuestros hijos son mucho más avanzados y eficientes de lo que solíamos ser en cuanto a comunicación con amigos. Nuestros chicos no se llaman «nativos digitales» sin razón. Dada la cantidad incontable de lugares desde donde se pueden conectar virtualmente, ahora pueden alcanzar cientos, miles de «amigos» a la vez. Y lo hacen. Los adolescentes hoy tienen el poder real, y lo saben. Están bien conscientes de las ventajas tecnológicas y sus alcances. También están conscientes del hecho de que tienen un gran peso en cuanto a consumismo y a tendencias sociales. Los adolescentes son uno de los grupos de consumo más buscados en el mundo, con un gasto reportado de más de $250 mil millones (¡!) al año en Estados Unidos. Debido a la tecnología y a la sociedad en que vivimos, impulsadas por la juventud, los adolescentes hoy en día son excesivamente confiados de hacerse notar en la red.

Éste es el mensaje con que debemos quedarnos sobre los adolescentes y las redes sociales. Nuestros adolescentes viven en un mundo muy diferente de aquel en que los criamos. La experiencia real de ser adolescente —quiere ser popular, quiere gustar y ser aceptado, encajar y ser genial en el mundo social que lo rodea— no ha cambiado. Lo que *ha* cambiado, y vaya en qué forma, es el ambiente donde todo esto está sucediendo. Nuestros adolescentes ahora tienen el mundo literalmente en la punta de sus dedos, y cuando lo piensas, es a la vez fantástico y terrible. Nuestro reto como padres, es comprender lo que nuestros adolescentes están haciendo y les resulta natural, y también comprender que pueden necesitar algo de dirección en la forma en que maniobran a través del inmenso mundo social en que viven. Date cuenta de que dije dirección, no restricción. Digo esto porque muchos padres erróneamente creen que lo que deben hacer es prohibir a sus hijos adolescentes el uso de la red, y que con esto aliviarán su preocupación y resolverán cualquier problema por anticipado. Error. A pesar de los innumerables esfuerzos hechos por las compañías de seguridad en línea para subrayar el «control parental», mantener a los adolescentes lejos de la red, y específicamente fuera de los sitios de redes sociales, es como tratar de evitar que entre en tu casa el más mínimo de arena después de un día de playa. Imposible. Recuerdo que pensé que era muy lista cuando a propósito no permití que hubiera computadoras en las recámaras de mis hijos, y en lugar de ello, la instalé en la cocina, donde podía tener una vista completa de cualquier potencial travesurilla. Por supuesto, mi gran sabiduría se fue por la ventana cuando llegaron los *smartphones* y los chicos tuvieron acceso a la red en cualquier lugar, en cualquier momento. A nosotros, como padres, nos conviene más saber todo sobre el tema y hacerles saber a ellos que estamos ahí para ayudarlos, guiarlos y apoyarlos. He aquí algunos consejos que puedes considerar respecto a tu hijo e internet:

- Entiende y acepta que el acceso de tu hijo a la red es virtualmente ilimitado y su deseo (necesidad, en realidad) de ser parte de ese nuevo mundo social es simplemente inmenso.
- Reconoce también que los sitios de redes sociales no se van a ir, así que lo más sabio es considerar que «si no puedes contra ellos, úneteles». Te sugiero ponerte al día con el programa y crear una presencia online. De esta manera 1) verás qué sucede y de qué se trata y 2) ¡secretamente espiar las actividades virtuales de tu hijo!
- En lugar de desgastarse en esfuerzos inútiles para mantener a sus hijos lejos de las redes y sitios sociales, los padres deben dar y pedir respeto. Quiero decir que, como padres, debemos respetar el hecho de la presencia de nuestro hijo en la red y que para él su interacción social es importante; de modo similar pedirles que respeten los límites que tú, como padre, estableces respecto a la cantidad de tiempo que puede pasar en línea y el tipo de actividades en la red que tú permites.
- Ten una discusión con tu hijo acerca de las ventajas, desventajas y posibles peligros del internet y los sitios de redes sociales, después, juntos decidan lo más razonable respecto a los límites.
- Periódicamente (de forma casual... sin sermones, por favor) revisa con tu hijo sus redes sociales. Pregunta cosas como «¿cuántos amigos tienes? ¿Hay alguien interesante?» Pregúntale cómo van las cosas, tal como si la escena social en línea fuera equivalente a salir con amigos a lugares reales después de la escuela.

Ahí lo tienes, una mirada al hoyo negro que es el mundo social de tu hijo adolescente. A los adolescentes les gusta la interacción social, pero esto ya lo sabías. Quieren establecer relaciones sólidas con sus pares, y creo que esto también lo sabías. Lo que probablemente no sabías es que los chicos con relaciones pobres con sus compañeros, tienden a ir peor en la escuela, a abandonarla, a mostrar tasas más altas de comportamiento delincuencial y a sufrir de más problemas emocionales y de salud mental como adultos. Esto significa que el mundo social de nuestros adolescentes (inclusive el mundo *online*) es vital sobre todo para su salud psicosocial y su bienestar. De este modo, todos nos beneficiamos al informarnos y al apoyar a nuestros adolescentes de todas las formas posibles. Tu adolescente puede no demostrarlo (la mía raramente lo hace) pero ¡te amará por eso!

7

AMOR:

NOVIAZGO, RELACIONES ROMÁNTICAS Y... LA PALABRA «S»

¡AY, EL AMOR! Esa cosa que hace que el mundo gire, nos deja embelesados, y crea esa sensación de caminar en las nubes con mariposas en la panza, casi sin poder respirar. Esa cosa que también nos hace querer arrancarnos el cabello, gritar a todo pulmón y declarar nuestro bienestar emocional. El amor, a pesar de sus altibajos y de cuán impredecible puede resultar, es algo que todos buscamos. Jóvenes, viejos, hombres, mujeres, gays, heterosexuales... cuando nos preguntan cuál es nuestra aspiración o meta en la vida, nuestra respuesta generalmente se centra en obtener una relación estable y amorosa con una pareja romántica.[1] De hecho, el amor es un constructo tan importante, que los investigadores lo han estudiado por años, han profundizado en los diferentes tipos de amor, su taxonomía y estilos, y en cómo mantenerlo una vez que por fin lograste encontrar esa poción mágica y escurridiza. Pero lo que quiero explorar en este capítulo es la transformación de los lazos amorosos que compartimos con nuestros padres y nuestra familia en esa unión apasionada que buscamos en una pareja romántica, a la cual aparentemente necesitamos para sobrevivir como individuos y como especie.

¿Qué es el amor, después de todo? La palabra está revuelta, utilizada en exceso, devaluada, mal empleada y comercializada a tal punto, que es difícil determinar lo que en realidad significa. Ciertamente, consideramos esta emoción en contextos como: amo leer; amo la comida china; amo a mi madre. Para ser claros, me interesa centrarme en cómo desarrollamos y buscamos ese amor que quita el aliento, eufórico, romántico. Mis dos hijas y yo vimos la otra noche una película *De boda en boda* (*Wedding Crashers*) y escuchamos a Owen Wilson decir: «El amor es cuando el alma reconoce a su contraparte en otro»... snif, snif. El *Diccionario Merrian-Webster* enumera varias definiciones: «un sentimiento de fuerte o constante afecto hacia una persona»; «atracción que incluye deseo sexual»; y «afecto fuerte que sienten dos personas que tienen una relación romántica». ¿Pero realmente alguna de estas descripciones responde a nuestra pregunta?

Como niños, experimentamos el amor en la forma de cuidado y afecto incondicional de parte de nuestros padres. Esto en verdad es amor, pero ese concepto ¿de alguna manera cambia cuando crecemos?; al hacernos adolescentes, ¿una forma es reemplazada por otra, o es el mismo constructo en un *continuum* complicado y maravilloso? Algunos investigadores alegan que los «objetivos» de nuestra intimidad cambian con el tiempo, de modo que la intimidad con nuestros pares reemplaza a la intimidad con nuestros padres, y la intimidad con nuestros pares del sexo opuesto reemplaza la intimidad con los amigos del mismo sexo.[2]

Hay dos problemas con esta línea de razonamiento: primero, los términos *intimidad* y *amor*, a pesar de que se sobreponen, no significan lo mismo y no deben emplearse de manera intercambiable. El amor romántico es, básicamente, la intimidad con la ventaja de la atracción sexual y el compromiso apasionado; el sexo resulta la hermosa cereza del pastel de la intimidad, si así quieres ponerlo. Segundo, muchos investigadores afirman que si alguien es reemplazado o pierde importancia, conforme crecemos y ampliamos nuestra red social, nuevos objetivos de intimidad y afecto se añaden a los antiguos. Propongo que lo mismo sucede con el amor. No sólo nuestro concepto y comprensión del amor cambian de lo que sentimos por nuestros padres, hermanos, perros, etcétera, hacia un sentimiento más rico y profundo por otra persona fuera del círculo familiar, sino que también se añade acumulativamente el concepto de amor con que comenzamos. Es por esto que mucha gente exclama: «nunca pensé que el amor pudiera ser *tan*... maravilloso, profundo, satisfactorio, complicado, agotador...» Ya captaste la idea.

NOVIAZGO

Antes de continuar hablando sobre cómo se desarrolla el amor romántico durante la adolescencia, abordaremos el tema del noviazgo.
Me doy cuenta de que muchos padres tienen problemas con permitir que sus adolescentes empiecen a tener citas. Recuerdo muy bien
que cuando comencé a mostrar interés en salir con chicos, mi padre
dijo algo sobre encerrarme en un convento hasta que cumpliera
30. Pero una vez más, ya que creo que el conocimiento es poder,
me gustaría ofrecer una perspectiva histórica para aliviar cualquier
ansiedad sobre el tema de que tu pequeña o pequeño salga con un
chico o chica a quien no conoces o en quien no confías. En las generaciones anteriores, salir durante la preparatoria o la universidad, al menos para algunos, tenía una función específica: elegir a un
compañero. Eso era seguramente el caso de muchas que iban a la
universidad con la idea de MMC (mientras me caso) ¿Ofendidas? No
disparen aún: simplemente retransmito hechos históricos. Porque
casarse hoy en día, si es que se da el caso, ocurre mucho más tarde en
la vida (la edad promedio es entre los 27 años para las mujeres y los
29 para los hombres),[3] y un noviazgo en la preparatoria tiene ahora
todo un nuevo significado.

En estos días un noviazgo en la adolescencia ya no tiene como
único propósito encontrar una pareja; más bien, se ha convertido en
la introducción al mundo de la intimidad, de los roles en las relaciones, de la experimentación sexual, y sí, también del amor romántico.
Es casi como ensayar para lo que vendrá. Y a pesar del hecho de que
tener novio en la preparatoria para los adolescentes de hoy en día
tiene muy poco que ver con compromisos a largo plazo y/o con matrimonio, las relaciones románticas modernas entre los adolescentes
son muy comunes, con aproximadamente un cuarto de los chicos de
12 años, la mitad de los de 15, y más de dos tercios para los chicos
de 18 que reportan haber tenido relaciones románticas en los últimos
18 meses.[4]

Para ayudarte a poner las cosas en perspectiva (por ejemplo, ¿es
normal la edad en que mi hijo adolescente comienza a tener un noviazgo?), en promedio, en Estados Unidos, los adolescentes empie-

zan a tener novio alrededor de los 13 años, para la edad de 16 más del 90 por ciento de los adolescentes han tenido al menos un noviazgo. Y por último, la duración promedio de una relación romántica en preparatoria es de aproximadamente seis meses. Algunos de ustedes al leer esto pensarán: «¿Novio? ¿Mi bebé? ¿A los 12?» Ese pensamiento irá rápidamente seguido por la amenaza que se siente cuando alguien de manera inesperada te propina un golpe en el estómago. Pero pensemos en esto: cuando contemplamos a los adolescentes que tienen novio a los 12 años, o tal vez a los 14, debemos ser realistas en lo que significa tener novio a esa edad. ¿En realidad qué están haciendo?

Lo más común es que en esas citas intercambien información de contacto (por ejemplo, darse el número del celular para mensajear, hacerse amigos o seguirse en redes sociales); inicien una comunicación inofensiva vía texto y SMS; se vean en la escuela, y tal vez darse la mano mientras caminan por los pasillos, mostrando su «estamos juntos» de modo que los compañeros se pongan verdes de envidia. Es una cuestión de estatus social. Entre los 15 y los 16 años, los adolescentes se mueven hacia relaciones románticas cualitativamente diferentes y más significativas; ciertamente, entre los 17 o 18, comienzan a pensar en las relaciones románticas en forma más profunda, más madura y a largo plazo con un significativo crecimiento de intereses y compromiso tanto emocional como físico. Estos adolescentes mayores tienden a conformar versiones más de adulto del amor romántico y del apego, y permanecen en relaciones que duran más de un año en promedio. Esto es, nos guste o no, cuando las cosas se ponen serias.

¿Recuerdas que dije que tener novio durante la adolescencia sirve como una práctica para futuras relaciones? De hecho, además de ayudar a desarrollar intimidad con otros, el noviazgo sirve a muchos propósitos para los adolescentes. Éstas son en verdad buenas noticias. A pesar de nuestro rechazo y miedo a que nuestros «bebés» se internen en el gran mundo temible del noviazgo, el amor y el sexo, (muy probablemente para que su corazón termine en mil pedazos), al permitirles que tengan novio, en realidad estamos ayudándoles a ser individuos más sanos, maduros e informados que están entrenándose para convertirse en buenas parejas en sus relaciones. Salir con un chico no solamente les ayuda a establecer su autonomía emocional y de comportamiento, también ayuda al desarrollo de su identidad de género, a aprender acerca de sí mismos y de su propio papel como pareja romántica, establece el estatus social y tal vez incluso la popularidad dentro de su grupo de compañeros.

Dicho lo anterior, hago notar que hay un par de obstáculos potenciales dentro del contexto de las relaciones románticas entre adolescentes. Primero, los estudios han demostrado que los noviazgos tempranos e intensos (exclusivos y serios) antes de la edad de 15 años, de alguna manera, pueden tener el efecto de retrasar el desarrollo psicosocial del adolescente. Al involucrarse en relaciones serias, pasando virtualmente todo su tiempo sólo con una persona, los adolescentes corren el riesgo de perder otra parte de sus interacciones sociales (construir otro tipo de relaciones, practicar intimidad, obtener nuevas perspectivas o simplemente ¡divertirse con otros amigos!). Esto puede limitarlos en términos de logro de su completo potencial de desarrollo y crecimiento psicosocial. Por el contrario, las investigaciones también demuestran que las chicas adolescentes que no tienen ningún tipo de citas, tienden a un bajo desarrollo de sus habilidades sociales, a una excesiva dependencia de sus padres, y a sentimientos de inseguridad cuando se trata de satisfacer intereses románticos o conocer posibles parejas.

En resumen, es bueno permitir que los adolescentes tengan citas y exploren relaciones románticas (con moderación). Así que la próxima vez resígnate a la perspectiva de que tu adolescente tenga una cita y posiblemente derive en una relación romántica, y recuerda que es otra forma en que los chicos crecen y se desarrollan como la persona íntegra, cariñosa, que tú quieres que sea, especialmente en el contexto de las relaciones románticas de largo plazo.

AMOR Y HACER QUE DURE

Ahora, volvamos al concepto de amor. Como adultos asumimos que los adolescentes no saben absolutamente nada de esta complicada y maravillosa emoción. Pensamos que todo lo que ellos experimentan en sus relaciones iniciales es mero capricho inmaduro, y que el amor genuino, profundo y apasionado que nosotros experimentamos está de algún modo reservado para los adultos. Si bien algunas de estas ideas pueden garantizarse, también debemos considerar que quizá nuestros adolescentes merecen un poquito más de crédito. ¿Te acuerdas la primera vez que pensaste que estabas enamorado? Yo sí. Fue en preparatoria, y estaba segura, sin sombra de duda, de que las emociones que me invadían minuto tras minuto a lo largo del día eran de un amor verdadero. Y tal vez lo era, porque debo decirte que nunca más volví a sentir algo como ese eufórico amor adolescente. El amor es raro y esquivo para muchos (jóvenes y viejos), y a pesar de todas nuestras meditaciones al respecto, ninguno de nosotros en realidad tiene una respuesta a la miríada de preguntas que lo envuelven. Conoce a uno de los investigadores más notables en el campo, John Gottman, coautor de muchos libros sobre éxito y fracaso de las relaciones.[5]

Gottman ha dedicado toda su carrera a investigar lo que hace que las relaciones funcionen y lo que las hace fracasar, al estudiar a miles (10 mil, para ser exactos) de parejas en su «Laboratorio del Amor». De hecho, es tan bueno, que puede predecir con un 90 por ciento de eficacia qué parejas de sus estudios se van a divorciar o a separar y cuáles permanecerán unidas y felices. Gottman clasifica a las parejas (heterosexuales y gay o lesbianas, viejos y jóvenes) en lo que llama «Maestros» (los que permanecen juntos y se siguen gustando) y «Desastrosos» (los que se separan o si siguen juntos son miserables). El gran objetivo de esta investigación, desde luego, es informar a la masa de personas que buscan un amor duradero qué hacer y qué evitar para que una relación funcione. ¿Por qué traigo a colación todo esto en el contexto de la adolescencia y del desarrollo del amor romántico? La respuesta es bastante simple. Si nuestra meta, como padres de adolescentes, es enseñar y/o guiar a nuestros hijos de una manera que les ayude a ser adultos autosuficientes, felices, sanos e informados, entonces ¿por qué no enseñarles cómo tener éxito en su búsqueda de relaciones amorosas? Como mínimo, ésta es información útil para tenerla a mano, y quizá nuestras propias relaciones también se beneficien. Así que he aquí algunos de los principales descubrimientos del Laboratorio del Amor de Gottman.

¿Qué hacen los «Desastrosos»? Gottman llama a estos comportamientos los Cuatro Jinetes del Apocalipsis. Comportamientos que se deben evitar:

- **Criticar**: señalar con el dedo; buscar lo malo: «Yo soy perfecto y tú eres un perfecto idiota...»
- **Estar a la defensiva**: estar en guardia de cualquier cosa que se percibe como un ataque de la pareja y lanzar el contraataque; también actuar como víctima inocente; «Sí, bueno... pues en la cama ¡apestas!»
- **Despreciar**: éste es uno de los mejores elementos predictivos de una ruptura; insultar a la pareja; sentirte superior o mejor; tener rencor; «Eres un idiota... es ridículo lo que dices...»
- **Levantar muros**: cerrarse; no dar las señales comunes que un receptor da a un emisor.

¿Qué hacen los «Maestros»? Comportamientos a adoptar:

- **Buena comunicación**: cuando se enfrenta un conflicto en una relación (y todos pasamos por ello en algún momento), hablar de los sentimientos y necesidades... y permitir que la pareja haga lo mismo.
- **Apreciación**: construir una cultura de aprecio y respeto al poner atención a los pequeños momentos; «Eres una excelente persona; te admiro»; las pequeñas cosas generalmente hacen la gran diferencia.
- **Compromiso**: puede que los «Maestros» quieran levantar un muro, pero en lugar de ello, respiran, se calman y se mantienen conectados.
- **Actitud positiva**: los «Maestros» dicen cinco cosas positivas por una negativa; los «Desastrosos» dicen 0.8 cosas positivas por cada cosa negativa (¡ni siquiera una!). Los «Desastrosos» tratan de balancear, pero los «Maestros» dicen muchas más cosas positivas que negativas.

Las verdaderas parejas felices:

- Conocen las pequeñas cosas del otro y construyen significados compartidos.
- Comparten cariño, admiración y respeto.
- Continúan comunicándose con una perspectiva positiva.
- Se interesan por los pensamientos, los sueños y las metas de su pareja.
- Tienen una vida sexual sana y satisfactoria.
- Construyen una sólida base de confianza y lealtad.
- Ríen mucho.
- ¡Son buenos amigos!

SEXO

Ahora hablemos de sexo. Bueno, ya hemos discutido en el capítulo 5 cómo abordar este tema al prepararnos para tener conversaciones con nuestros adolescentes. Ha llegado el momento de considerar la sexualidad como un tema de desarrollo, y más importante aún, como un tema de los adolescentes, y pensar en cómo puede impactar potencialmente a nuestros hijos. Todos somos seres sexuales, a pesar de nuestros respectivos antecedentes religiosos o nuestro sistema de creencias morales, y como padres de adolescentes debemos estar informados acerca de la sexualidad en lo que se refiere a nuestros hijos. De hecho, debemos a nuestros adolescentes el abrirnos a aprender sobre las experiencias que atraviesan y aceptar su desarrollo sexual como parte normal y sana de convertirse en adultos. Si podemos hablar y escuchar sin juicios o sin ridiculizarlos, podremos mostrar a nuestros adolescentes que somos confiables y una fuente informada para ellos.

Como niños, podemos ser curiosos acerca de nuestros cuerpos e inclusive podemos empezar a darnos cuenta de que ciertas partes del cuerpo simplemente se sienten bien cuando las tocamos. Es una reacción fisiológica muy básica y los niños no reparan mucho en significados o implicaciones al respecto. No obstante, después de la pubertad, los adolescentes experimentan cambios significativos en materia de comportamiento sexual. Debido a los cambios físicos, cognitivos y sociales que han ido produciéndose en nuestros adolescentes, en esta nueva etapa los chicos ven y viven las interacciones con otros adolescentes de forma distinta. En el reino de lo físico, la pubertad desencadena una serie de reacciones, incluyendo el aumento de hormonas sexuales que no solamente detonan el desarrollo físico, también despiertan un novedoso interés y atracción en y por el sexo opuesto (o por el mismo sexo, según sea el caso). Y, desde luego, la actividad sexual posterior a la pubertad puede llevar a embarazos, que a ninguno de nosotros nos gusta pensar cuando ponderamos el desarrollo físico y el comportamiento sexual de nuestros adolescentes. Por favor, una vez más, ¡no te cierres al mensaje!

En el área cognitiva, los adolescentes ahora tienen la capacidad de ser sumamente introspectivos y reflexivos acerca del sexo y del comportamiento sexual, del significado que tiene dentro de la sociedad, de lo que se espera de ellos, de cómo lo sienten, y de cómo reconciliar esta información con los nuevos sentimientos y urgencias físicas que experimentan. A la vez, puede resultarles atemorizante, emocionante y confuso. Tristemente, los temas sexuales también pueden causar vergüenza y pena, dado el hecho de que nosotros, como sociedad, tendemos a dar el mensaje de que el sexo antes del matrimonio es inmoral y que si algo se siente realmente bien (físicamente), por lo general es malo. Por cierto, también vale la pena añadir que bombardeamos a nuestros adolescentes —a través de publicidad, anuncios, imágenes de revistas, mensajes en internet, etcétera— con la idea de que el sexo no sólo es bueno, sino que además el sexo y el alcohol son glamorosos y fantásticos. Estos mensajes confusos que los adolescentes reciben cientos de veces al día, obviamente añaden confusión a la situación.

En el mundo social de los adolescentes, el sexo es más visible, más aceptable y más disponible, debido a las oportunidades que los chicos tienen en sus contextos sociales. Los adolescentes actualmente pasan más tiempo con amigos, con frecuencia del sexo opuesto, y por lo común no son supervisados por los padres o por otros adultos, así que efectivamente, las oportunidades surgen. Son mejores en la lectura de las pistas sociales y los mensajes no verbales, como la mirada desde el otro lado de la habitación que dice, «Oye, me gustas... *en serio*, me gustas (guiño, guiño)... ¿te interesa?» ¿Es en este momento que debemos encerrar a nuestros adolescentes y no permitirles nunca más pasar tiempo sin supervisión con un amigo/amiga? Por supuesto que no, porque como todos sabemos (por nuestra propia experiencia), si pintamos una raya y declaramos tajantemente algo como «Tienes absolutamente prohibido ver a ese chico, sobre todo a solas...», digamos que hemos sentado las bases para la temida rebelión de nuestro adolescente.

Si todavía no has abandonado el libro totalmente horrorizado, te agradezco que sigas conmigo. Reconozco que éste es uno de los temas más difíciles que los padres enfrentan con sus hijos, pero debes saber que estoy contigo. Es duro, pero informarnos a nosotros mismos no sólo es bueno para nosotros como padres (más instrumentos para la caja de herramientas de la comunicación), definitivamente es benéfico para nuestros chicos. Con ese objetivo, me gustaría presentarte algo de antecedentes y de contexto de lo que en realidad los adolescentes hacen en el área de la actividad sexual. Pero antes, buenas noticias: a pesar de la forma como los medios lo presentan, implantando miedo y fantasías sobre una vida sexual salvaje y promiscua, en la adolescencia es raro que se dé eso. Puedo casi escuchar el suspiro de alivio colectivo ahora mismo. Con esto en mente, sigamos adelante.

La mayoría de nosotros iniciamos nuestras exploraciones y actividades sexuales por etapas. La primera es involucrarse en lo que los científicos e investigadores llaman comportamiento autoerótico; es decir, cuando el comportamiento sexual se experimenta a solas (por ejemplo, tener fantasías eróticas, masturbación, orgasmos nocturnos). Al acercarse a la etapa de la secundaria, los adolescentes normalmente inician su actividad sexual en una ordenada progresión hasta incluir a otra persona. Es interesante, porque la mayoría de las personas creen que los niños y los hombres están en primer plano en cuanto a masturbación, y también creen que únicamente los varones pasan por estas etapas de actividad sexual. Claro que no. Varios estudios demuestran que tanto mujeres como hombres siguen una secuencia similar; sólo que los chicos inician estas actividades un poco antes que las chicas. He aquí más noticias buenas, papás: en términos de predominio de relaciones sexuales entre adolescentes, una cantidad ligeramente menor de ellos tiene sexo hoy en día si lo comparamos con décadas anteriores. Dicho esto, la realidad que debemos enfrentar es que las relaciones sexuales durante la secundaria y preparatoria ahora son parte de la experiencia normal de los adolescentes en Norteamérica. Un poco atemorizante, pero cierto. Y éste es precisamente el motivo por el cual debemos armar a nuestros adolescentes con información y conocimiento, si queremos que tomen decisiones inteligentes e informadas respecto al sexo.

Una de las líneas de investigación que encuentro absolutamente fascinante es la que se refiere al momento de la iniciación sexual (por ejemplo, cuando pierden su virginidad). Varios descubrimientos indican que los adolescentes son más propensos a perder su virginidad en ciertas épocas del año, en particular a inicios del verano o durante las fiestas de Navidad. Más específicamente, diciembre es la cúspide en que los adolescentes se inician, sobre todo si están en una relación seria. Por el contrario, los meses de mayo, junio y julio, son comunes, independientemente de si los adolescentes tienen una relación o no. «¿Por qué ocurre esto?», te preguntarás. Pensemos por un momento. Durante los meses de verano hace calor, la gente va a la playa, a las piscinas, utiliza menos ropa, etcétera; y hay eventos, como fiestas de graduación escolar, que suceden seguidos de vacaciones para los chicos. Durante el mes de diciembre, las parejas están juntas y unidas por el entorno sentimental y romántico de la temporada, además ambos se dan y reciben regalos y gestos de afecto. Entonces, curiosamente, el momento de la primera actividad sexual puede ser predecible; ahora tienes este conocimiento y puedes hacer con él lo que gustes. Mi sugerencia: si sabes que tu hijo/hija adolescente está saliendo o está involucrado románticamente con alguien, puedes considerar tener una conversación honesta con él/ella acerca de estos momentos claves, de forma que puedas responder a todas sus preguntas y ofrecerle guía. Otra área de investigación tiene que ver con las diferencias de género respecto al significado que se le otorga a tener sexo. Puede que esté diciendo algo muy obvio, pero con relación al significado del sexo, chicos y chicas lo experimentan e interpretan de forma muy distinta. Es aquí donde entra en juego el concepto *los hombres son de Marte y las mujeres de Venus*. Los adolescentes varones tienden a separar los temas de la intimidad (relacionarse, compartir, cercanía, confianza) de los temas del sexo, si los comparamos con las chicas. De acuerdo con el investigador Larry Steinberg, los chicos adolescentes tienden a interpretar el acto sexual en términos más de recreación que de intimidad, en tanto que las mujeres adolescentes tienden a integrar intimidad, compenetración emocional, romance, amor y amistad con la actividad sexual.[6] Mi intención no es culpar o juzgar al género masculino (tengo tres hermanos y dos hijos), sino más bien señalar que ya sea por influencias sociales o por el cableado biológico, hombres y mujeres simplemente son diferentes a la hora de interpretar sus experiencias sexuales. Desde luego, esto no quiere decir que los jóvenes no sean capaces de incorporar la intimidad y el amor al encuentro sexual; tampoco quiero insinuar que las chicas sean incapaces de separar las emociones del comportamiento sexual, pero la mayoría de los casos estudiados caen en esas tendencias.

Por último, a pesar de las tendencias que muestran que la actividad sexual en adolescentes presenta una ligera disminución desde 1995, un tercio de ellos sigue teniendo encuentros sexuales tempranos (antes del segundo año de secundaria). Asimismo, es importante notar que la temprana actividad sexual que incluye a chicos de 15 años o menos, se ha asociado con una cantidad de otras variables como el uso de drogas y alcohol, bajos niveles de formación religiosa, delincuencia menor, bajo interés escolar, y una marcada tendencia hacia la independencia. Sin embargo, hago una seria llamada de atención al interpretar estos datos: los investigadores encuentran una asociación (correlación), lo cual no significa que una variable cause la otra, sino que tales variables están relacionadas de alguna forma. Otro punto crucial que es necesario señalar respecto de la actividad sexual durante la adolescencia tardía (16 años en adelante), es que no se asocia con ningún tipo de problema psicológico y los niveles de autoestima y de satisfacción con la vida son similares a los del resto de la población adolescente.

LAS BUENAS NOTICIAS

Estoy consciente de que toda esta charla acerca de nuestros adolescentes teniendo sexo es abrumadora y un tanto intimidante. Pero yo misma, como madre, creo que el tema también nos lleva a preguntarnos si tenemos alguna influencia sobre el hecho de que nuestros adolescentes se involucren en actividades sexuales o si el tema del sexo en la adolescencia es de algún modo inevitable. En respuesta a estas interrogantes he aquí otra buena noticia. Anteriormente señalé y lo diré de nuevo: ¡los papás pueden hacer la gran diferencia! Respecto a los estilos de crianza y a sus prácticas, la crianza con autoridad —un enfoque donde los padres habitualmente se comunican con sus hijos, mantienen amplias expectativas y estándares, sostienen conversaciones de dar y recibir para la toma de decisiones, son firmes pero a la vez amorosos— se ha asociado con adolescentes que tienden menos a iniciar su vida sexual a temprana edad y a involucrarse menos en actividad sexual de riesgo. Hablar (y escuchar) a tu adolescente sobre sexo es importante, y a pesar de que no puedes evitar que sea activo sexualmente, definitivamente evita que participe en comportamientos sexuales arriesgados, lo que al menos nos da un poco de serenidad. Así que tengan cuidado, mis amigos.

Ann Landers una vez señaló que «el amor es una amistad enardecida». Como criaturas sociales, todos buscamos conexiones personales cercanas, las cuales inician desde la niñez al participar en juegos y reuniones con amigos, y adquirimos más experiencia con la intimidad cuando en la secundaria encontramos a nuestro mejor amigo o a nuestro primer amor que creemos durará para siempre; al madurar, aprendemos a cultivar esas conexiones para que perduren. A todos nos mueve la necesidad de interacción social, pero al contrario de lo que algunos piensan, esto no sucede por casualidad o por arte de magia. Como niños, y más tarde como adolescentes, atravesamos un proceso de desarrollo para alcanzar la última meta de la conexión social profunda y, al hacerlo, las recompensas son invaluables. Nuestros adolescentes pasan tiempo con amigos, exploran sus sitios de redes sociales, se dan oportunidades en el amor e incluso descubren las delicias del gozo de la sexualidad conforme crecen en un mundo social. Y nosotros, como padres, somos afortunados de poderlos ayudar en este maravilloso viaje de autodescubrimiento. ¿Qué podría ser mejor en la vida?

8
PROBLEMAS EN LA ADOLESCENCIA:
CONOCE LAS TRAMPAS POTENCIALES

CUANDO PENSAMOS EN LOS PROBLEMAS POTENCIALES que pueden surgir durante la adolescencia, generalmente caemos en los estereotipos del adolescente. Ya sabes a lo que me refiero: palabras como ansiedad, oscuro, rebelión, sombrío, rufián, patán e incluso criminal, vienen a nuestra mente. El adolescente típico rebasa los límites legales y rechaza las normas sociales. Este adolescente es la vergüenza de sus padres y enfurece a sus maestros y, peor aún, provoca que otros adolescentes lo admiren e idolatren y festejen todo lo que hace, y él los alienta para que terminen con toda la aburrida sociedad adulta. ¿Pero es éste realmente el prototipo del adolescente de nuestros días? ¿Hay algo que decir al respecto o sólo vemos mal las cosas? En este capítulo voy a hablar de los problemas reales que enfrentan hoy en día nuestros adolescentes. A pesar de las exageraciones y representaciones hiperbólicas de los adolescentes en películas, anuncios y memes, nuestros chicos hoy en día sí enfrentan serios problemas, y nosotros como padres, debemos estar al tanto. Desde luego, todos somos conscientes de las posibilidades que tienen que ver con drogas y alcohol porque también una vez fuimos jóvenes. Pero además del uso de sustancias, depresión, desórdenes alimenticios, y de manera sobresaliente el estrés, están todas las áreas de vulnerabilidad para los adolescentes.

A estas alturas, seguramente te habrás dado cuenta de que sí, a nuestros adolescentes les gusta rebasar los límites y cuestionar la autoridad, y toman una actitud de «nosotros contra ustedes» respecto a las expectativas de los adultos y de los estándares sociales. Pero permítanme iniciar este capítulo con una nota positiva, contraria a la imagen que pintan los medios sobre los adolescentes y a los estereotipos que llevamos en nuestras mentes: la mayoría de los ellos no desarrollan serios problemas sociales o psicológicos, ni están condenados a una vida de crimen y uniformes de presidiario. ¡Fantástico! Eso es un alivio. La mayoría de los problemas que vivimos con los adolescentes hoy en día, reflejan una experimentación transitoria y no un patrón de mal comportamiento que se arraigue de manera permanente.[1]

Para la mayoría de los chicos, los problemas que enfrentan o los líos en que se meten durante su adolescencia tienen que ver (y generalmente se limitan a ellos) con lo que sucede en un determinado punto en el tiempo (por ejemplo, la presión de los pares, la rebelión social, obtener la atención de las chicas...) y no necesariamente predicen resultados negativos. La mayoría de ellos terminarán como ciudadanos bien adaptados, productivos y observantes de las leyes. Éste es básicamente el argumento de «los adolescentes son adolescentes». Para demostrar esto, cada semestre digo a mis estudiantes de mi clase de Psicología del Adolescente: «Levante la mano el que hizo algo realmente estúpido durante su adolescencia, que lo hubiera podido meter en problemas con la ley o de algún modo en verdadero peligro». Al principio, sólo unos cuantos alzan la mano; más tarde, después de varias miradas rápidas en el aula, y luego de asegurarles que no habrá juicio y de unas cuantas risitas nerviosas, virtualmente todas las manos de los estudiantes terminan por levantarse. En resumen: todos de alguna forma vamos más allá de los límites, pero conforme crecemos, y presumiblemente nos hacemos más maduros y responsables, tendemos a soltar ese rasgo rebelde y nos convertimos en los adultos aburridos, socialmente conformes que nuestros hijos conocen y aman.

Es importante resaltar que la mayoría de los problemas (como el uso de drogas y alcohol, desempleo y delincuencia) que se experimentan durante la adolescencia, no permanecen en la etapa adulta, y cuando se presentan no necesariamente comenzaron durante la adolescencia. De hecho, algunos de estos problemas tienen sus raíces en la niñez, ya sea que se basen en predisposiciones genéticas (como aquellos del uso/abuso de sustancias) o por influencias del ambiente (como el estilo de crianza que recibe un muchacho). Otro punto que es importante tener presente es que los problemas durante la adolescencia no son causados por la adolescencia misma. Es decir, simplemente por ser un adolescente y atravesar ese periodo de transición, no se origina o se causa nada malo. Entonces, a pesar de lo que escuchemos, las «furiosas hormonas» no causan problemas de comportamiento.

Ahora enfoquémonos en las cosas que sí pueden ir mal durante la adolescencia. Cuando nosotros los psicólogos estudiamos el comportamiento de los adolescentes, tendemos a categorizar mucho. Los problemas serios en la adolescencia por lo general se agrupan en dos categorías: desórdenes de internalización o de externalización (empleando el término «desórdenes» muy a la ligera). Los desórdenes de internalización pueden ocurrir cuando los problemas o preocupaciones graves se vuelcan hacia el *interior*, y los adolescentes experimentan tensión cognitiva y emocional. Ejemplos de desórdenes de internalización en adolescentes son la depresión, la ansiedad y los desórdenes alimenticios. Por el contrario, los desórdenes de externalización pueden surgir cuando el adolescente vuelca sus problemas hacia el *exterior*, lo que generalmente resulta en problemas de conducta de algún tipo. Ejemplos de ello son el uso/abuso de sustancias, problemas de conducta en la escuela y problemas con la ley. Debido a la importancia que muchas personas dan a estos temas, abordamos los problemas de externalización y específicamente el uso de sustancias durante la adolescencia en primer término.

USO DE SUSTANCIAS

A través del uso de *smartphones*, *tablets*, televisión y otros aparatos, los adolescentes de hoy están constantemente bombardeados por una mezcla de mensajes en lo referente al uso de drogas y alcohol. En Estados Unidos, en particular, enviamos mensajes ambiguos a los adolescentes continuamente a través de nuestros eficientes, efectivos, inmediatos y absurdamente poderosos medios. ¿Cuáles son estos mensajes? Por un lado, te dan la directiva «Simplemente di no». Este consejo toma la forma de comerciales de radio y televisión, revistas y avisos *pop-up*, y espectaculares y avisos en las escuelas, incluso ha sido empleado en muchas campañas políticas, como un esfuerzo para que nuestros hijos digan no a las drogas y al alcohol. Los recuerdas, ¿verdad? Mi favorito sigue siendo uno que dice algo así: «Éste es tu cerebro» (escena de un hombre que sostiene un huevo en su mano). «Éste es tu cerebro bajo la acción de las drogas» (el hombre rompe el huevo en un sartén e inmediatamente lo fríe, bueno, como un ¡huevo frito!). El narrador concluye su lección con un amenazante «¿Alguna duda?». Clásico. Sin considerar qué tan efectivos o no sean estos anuncios (más de ellos en este mismo capítulo), el mensaje es bien claro: usar drogas o consumir alcohol es malo... *¡no lo hagan chicos!*

Pero aquí es donde entran en juego los mensajes «ambiguos». Los mensajes no hablados que los adolescentes captan, casi al mismo tiempo, es que las drogas y el alcohol son *divertidos*. Que son geniales. Y si quieres ser hermoso, rico, rodearte de muchos amigos guapísimos, y que mucha gente sexy quiera estar cerca de ti, entonces todo lo que tienes que hacer (como adolescente) es tomar tal bebida o esta droga en particular. ¿Suena como una exageración cínica, o quizás incluso conspirativa? Observa bien los anuncios a los que los adolescentes están expuestos, sea en televisión, internet, o en revistas (por ejemplo: una imagen que muestra a un rapero de moda bebiendo tal ginebra), y empezarás a darte cuenta de que la publicidad nunca muestra la triste realidad detrás de lo que las drogas y el alcohol pueden causarle a una persona. Esto no es un accidente. Cuando enfrentan estos mensajes ambiguos, los adolescentes terminan sintiéndose confundidos y frustrados, y comienzan a preguntarse a quién creer: ¿a los viejos que alzan un dedo y dicen «Simplemente di no» o a la multitud sexy? Apuesto a la multitud sexy.

¿Acaso significa que todos los adolescentes se comportan como desviados sociales, como nos sugieren los estereotipos, metiéndose toneladas de drogas y alcohol? La respuesta es un contundente no, pero apuesto a que te resistes a la tentación de soltar un exabrupto como muchos padres: «Oh, no, *mi* hijo.... Él jamás...»; «¡Por Dios santo! No *mi* hija, ella sabe muy bien que...» En lugar de eso, consideremos los hechos que se basan en investigaciones. De acuerdo con los datos que arroja *Monitoreando el futuro*,[2] el alcohol y los cigarrillos son por mucho las sustancias más utilizadas y abusadas. De hecho, la investigación demuestra que un gran porcentaje de adolescentes han experimentado con alcohol, tabaco y mariguana; con un 70 por ciento de muchachos de preparatoria que han consumido alcohol, 46 por ciento, mariguana y 40 por ciento que han fumado cigarrillos. Y por favor, ten en cuenta que estos datos se basan en reportes aportados por los propios chicos; es muy probable que haya una *sub*estimación, y que los números reales sean mucho más altos.

La ventaja de este escenario es que a pesar de ser una proporción tan importante de adolescentes que han probado estas sustancias, sólo un pequeño porcentaje (aproximadamente 9 por ciento) ha reportado haber experimentado con otros tipos de drogas ilícitas más serias. Aunque no lo parezcan, éstas son buenas noticias. Puede que te preguntes: ¿y esto qué tiene que ver con mi adolescente? Mi respuesta, muy similar a mis comentarios sobre la sexualidad de los adolescentes, es que como padres necesitamos ser realistas y honestos con nosotros mismos al tratarse de la posibilidad de que nuestros adolescentes estén bebiendo alcohol o experimentando con otras sustancias (¿recuerdas lo que dijimos sobre los adolescentes que corren riesgos?). Una vez más, debemos de hablar con nuestros hijos; debemos comunicarnos con ellos pronto y con frecuencia sobre lo que está sucediendo en el enorme y temible mundo; sobre nuestras expectativas y preocupaciones; sobre sus curiosidades e intereses; sobre sus amigos; sobre nuestro amor, preocupación y compromiso con ellos. De hecho, la comunicación temprana entre padres y adolescentes sobre las drogas y el alcohol es crítica, pues sabemos que las probabilidades de que una persona se vuelva adicta al alcohol o a la nicotina se incrementan si empiezan a consumirse antes de los 15 años. Más aún, si experimentar con drogas es menos común entre los adolescentes jóvenes actualmente de lo que era en el pasado, también sabemos que el efecto a largo plazo de las drogas y del alcohol en las funciones cerebrales es más severo cuando empiezan a utilizarse durante la adolescencia. Debido a estas atemorizantes estadísticas, es importante que nosotros, como padres de adolescentes, tengamos en mente que los anunciantes están «pescando» a nuestros hijos desde muy temprana edad al exponerlos a mensajes nocivos desde que nacen. (Es precisamente por esto que me enojo y me entristezco a la vez cuando veo a un pequeñito con ¡su propio iPad en la mesa durante la cena!) Necesitamos darles un golpe maestro a esos mensajes armando a nuestros hijos con hechos desde muy temprano, para ayudarlos a estar alerta y para que tomen decisiones informadas e inteligentes cuando les ofrezcan un trago o una droga en una fiesta de la secundaria o preparatoria o en cualquier otra situación social.

FACTORES DE RIESGO Y PROTECCIÓN

¿Por qué algunos adolescentes se meten en problemas reales, mientras otros escapan cuando se trata de drogas y alcohol? Esto puede explicarse, al menos en parte, al examinar los factores de riesgo y protección que pueden predisponer o evitar que los adolescentes caigan víctimas del uso de sustancias. Primero, los factores de riesgo: una de las variables que pone a muchos adolescentes en riesgo de caer en el uso y abuso de drogas y alcohol es la *personalidad*. Los adolescentes que tienen muchos asuntos sin resolver con la ira, muestran conductas impulsivas, son desatentos, no pueden permanecer concentrados y son propensos al riesgo. Otro factor de riesgo es el *ambiente social* donde el adolescente pasa su tiempo con otros adolescentes. Cuando pasan tiempo con amigos que usan o toleran el uso de drogas, y/o si viven en un contexto donde hay fácil acceso a drogas, los adolescentes están en riesgo. El último y mayor riesgo está al interior de la *familia*. Cuando los adolescentes son parte de una situación familiar disfuncional, donde hay relaciones distantes, hostiles o disfuncionales, los chicos están en riesgo. Como puedes ver, cualquiera de estas variables por sí misma no es ideal, pero los factores pueden tener también efectos acumulativos, y muchos adolescentes están expuestos a dos o más de estos factores de riesgo, lo que desemboca en resultados negativos que se multiplican.

Ahora bien, respecto a los factores de protección: los adolescentes que experimentan *salud mental positiva, comprometidos activamente en la escuela* y tienen *éxito académico*, que tienen *relaciones familiares sanas* y/o mentores, y que están *involucrados en la comunidad y/o en actividades religiosas*, corren un riesgo mucho menor del uso y abuso de sustancias. Evidentemente, mientras más factores de protección tenga una persona joven, mejor. Y lo más importante para nosotros, como padres de adolescentes, es el papel de la familia y los amigos hacer sentir a los chicos apoyados y amados. La clave es tener una relación con tu adolescente que incluya una comunicación abierta y honesta, así como expectativas firmes pero razonables.

Los factores que impactan de manera más positiva en nuestros adolescentes son los que experimentan en sus vidas cotidianas, a diferencia de muchos de los programas preventivos que se basan en tácticas atemorizantes, y que han intentado inútilmente prevenir el uso de drogas entre adolescentes, invirtiendo millones de dólares del gobierno en esfuerzos tales como Simplemente di no, o las campañas DARE (siglas en inglés de *Drug Abuse Resistance Education/* Educación Preventiva Contra el Consumo de Drogas), que los chicos encuentran entretenidos pero no los toman en serio. Estos grandes programas fallan por varias razones, incluido el hecho de que los adolescentes no se ven reflejados en ellos y no les hacen caso. La mayoría de los expertos cree que es más realista enfocar los esfuerzos de prevención en las motivaciones específicas de los adolescentes y en sus propios ambientes. En otras palabras, lo que funciona es centrar la atención en aquello que es importante para ellos y dónde pasan su tiempo. Realmente se requiere un gran esfuerzo para superar las imágenes románticas que tienen que ver con las drogas y el alcohol, las cuales día con día llegan a nuestros adolescentes a través de la maquinaria de los medios de comunicación, pero se puede hacer, ¡empezando por ti!

Debemos recordar esto: nuestros adolescentes son jóvenes, aventureros y curiosos, y quieren ver hasta dónde pueden rebasar los límites y divertirse un poco, o tal vez *mucho*. Como padres, debemos estar atentos y advertirles de los peligros que acarrea el uso de drogas y alcohol, pero también debemos tener cuidado de no actuar de un modo tal que les haga ver estas sustancias como el «fruto prohibido», porque entonces esa prohibición terminará por empujarlos justamente en esa dirección. Da mucho miedo, lo sé, y no es un trabajo simple establecer esa línea, pero es por ello que mi madre siempre dice: «Ser papás no es para cobardes». Así que te invito a mantenerte informado, ser valiente y comprometido.

DEPRESIÓN

Enfocar ahora nuestra atención en cómo los adolescentes internalizan las situaciones, nos lleva a abordar, en primer lugar, el tema de la depresión. Debo empezar diciendo que, en este breve pero necesario apartado sobre el tema, no podremos abordar por completo todo el abanico de causas y tratamientos de la depresión en adolescentes. Mi intención más bien es ofrecerles, como padres de adolescentes, cierto entendimiento del oscuro mundo que muchos jóvenes viven, así como algunas señales que deben observar en sus adolescentes.

La depresión se caracteriza por un permanente humor infeliz, significativamente más severo que una tristeza ocasional o que un cambio de humor como el que todos experimentamos de vez en cuando.[3] Sin ahondar en terminología clínica o psiquiátrica, quisiera dejar claro que la depresión en este contexto va más allá de la tristeza típica que las personas experimentan como una reacción al estrés, a eventos difíciles de la vida, o incluso ante la pérdida de algún ser querido, a pesar de que tales eventos puedan desencadenar depresión clínica; en cambio, es el tipo de tristeza que hace que la persona se sienta sin esperanza y desamparada, aunque no haya una explicación real o justificable para estos sentimientos tan devastadores.

Los niños y adolescentes que sufren depresión no pueden deshacerse de ese debilitante sentimiento de desesperación, que va haciéndose tan dominante que empieza a interferir con sus rutinas diarias, sus relaciones sociales, su desempeño escolar, y en general en todas sus áreas de funcionamiento. Y como no pueden entender o explicar completamente por qué se sienten así, ven normal la depresión que viven, a menudo acompañada de ansiedad y de problemas de conducta, y por tanto muchas veces pasa inadvertida y no se atiende. De hecho, una de las cosas más difíciles para nosotros, como padres, es captar cuándo el comportamiento taciturno, sombrío y de angustia del adolescente es normal de la etapa, y cuándo debemos preocuparnos por ello. Es difícil, sobre todo si eres nuevo en este juego de criar adolescentes.

Tristemente, la depresión es el trastorno psicológico más común en los adolescentes, y es bastante más común en las chicas (después de la pubertad) que en los chicos. Algunas de las razones incluyen mayores presiones sociales y expectativas para las chicas, además del aumento de incidentes que tienen que ver con la presión de los pares y comportamientos que se internalizan más entre las chicas que entre los varones. Los síntomas de depresión se clasifican en cuatro grupos diferentes: los *emocionales* incluyen baja autoestima, melancolía y sentimientos de desesperación, abandono y falta de valor. Los adolescentes con depresión tienden a sentir que su presencia no cuenta. También pueden experimentar pérdida de la capacidad de disfrutar las cosas que antes los entusiasmaban (por ejemplo, amigos, comida o incluso sexo).

Los síntomas *cognitivos* incluyen pesimismo y pensamientos e interpretaciones negativas. Les cuesta mucho trabajo encontrar los aspectos positivos de las cosas cuando padecen de una seria depresión. Los síntomas *motivacionales* pueden tomar la forma de apatía y aburrimiento. Como estamos acostumbrados a ver estos dos comportamientos en adolescentes no deprimidos, es difícil pensar en ellos dentro del contexto de la depresión. Pero los adolescentes deprimidos en verdad se rinden. Sienten como si no hubiese una razón para seguir tratando, luchando o incluso, en ocasiones, viviendo, y es esta profunda desesperación la que resulta sumamente terrible ver en los jóvenes que sufren con esta condición. Finalmente, los síntomas *físicos* pueden incluir fluctuaciones en el apetito (desde su pérdida total, hasta comilonas que pretenden hacerlos sentir mejor); dificultades en el sueño (en algunos casos dormir todo el tiempo o no ser capaces de levantarse); y pérdida de energía.

La depresión es un desorden que es igual para todos. A pesar de que las tasas de niñas con depresión son considerablemente más altas que las de chicos, la depresión no discrimina y puede afectar al adolescente sin tomar en cuenta su género, condición social, economía, o nivel de logro. Respecto a la condición étnica, las estadísticas demográficas de la Oficina de Censos y Centro para el Control de las Enfermedades de los Estados Unidos (CDC) [2014],[4] muestran que en los adolescentes latinos hay una tasa ligeramente más alta de depresión (6.3 por ciento) que en los afroamericanos (6 por ciento), e incluso más alta que en los adolescentes caucásicos (4.8 por ciento). Los adolescentes que viven por debajo de la línea de pobreza en los Estados Unidos presentan tasas de depresión dramáticamente más altas (13.1 por ciento) comparados con los que están en el límite de la pobreza o por encima de éste. Y con respecto al género, previo a la adolescencia, los varones muestran ligeramente mayores síntomas depresivos, pero después de la pubertad las adolescentes mujeres son significativamente más proclives a la depresión.

¿Qué quieren decir estas estadísticas? ¿Qué adolescentes están en riesgo y cómo podemos ayudarlos? Con toda claridad, los números del CDC indican que vivir en pobreza hace que la vida sea mucho más difícil para algunos adolescentes, que pueden presentar individuos con una multitud de problemas y de factores estresantes. Y sobre la experiencia de ser minoría (por etnia o género) en este país —enfrentando retos y constantes factores de estrés día a día—, también es la causa de que algunos adolescentes tiendan más a la depresión. Pero el motivo por el cual algunos adolescentes luchan contra la depresión, mientras otros viven en condiciones similares sin padecerla, sigue siendo un misterio.

Se presenta el debate de la naturaleza contra la crianza. Aunque algunos científicos e investigadores siguen argumentando que la biología y la genética tienen mayor influencia, y otros encuentran que el ambiente en que vivimos juega un papel predominante en el desarrollo de estas condiciones, esto en realidad ya no es un debate. La mayoría de los expertos están de acuerdo en que *ambos* factores, biológicos *y* de ambiente, son vitales cuando buscamos las respuestas sobre la depresión y otras condiciones psicológicas que afectan a los grupos de jóvenes. En el caso de la depresión, es el adolescente que tiene una predisposición genética (historia familiar, con una madre o un padre que tuvo o tiene depresión) y algunas formas de estrés de vida (como pobreza, conflictos familiares, discriminación, etcétera), quien más está sujeto al riesgo de padecer esta condición. Otra situación que nos resulta difícil de entender es por qué lo que un adolescente considera como un factor «severo» de estrés, para un adulto no lo es; pero severidad es un término relativo, y es la interpretación de nuestro adolescente sobre el impacto negativo lo que más cuenta cuando se trata de sus sentimientos de depresión.

Otros factores de riesgo que incrementan las posibilidades de depresión en adolescentes, incluyen: episodios previos de depresión, experiencias de trauma o abuso, otros problemas no atendidos como desórdenes mentales, ansiedad o adicción a drogas o alcohol. Tal como en el uso de sustancias, a mayor cantidad de factores de riesgo esté expuesto un adolescente, mayor la probabilidad de que sucumba a la depresión, especialmente si tiene una historia familiar con este desorden.

Es importante señalar que no todos los adolescentes que padecen depresión la tienen al mismo nivel. Algunos experimentan casos de depresión media que, con la estrategia de tratamiento adecuado, puede ser más manejable, mientras otros enfrentan una depresión profunda que, a pesar del tratamiento y la intervención, parecen no tener salida. Resulta sumamente preocupante el hecho de que aproximadamente un 20 por ciento de las chicas y un 10 por ciento de los chicos piensan en quitarse la vida (ideación suicida; porcentaje anual), y 10 por ciento de las chicas y 6 por ciento de los varones hacen intentos serios que requieren tratamiento. El suicidio es tan devastadoramente aterrador para los padres, que la mayoría de nosotros preferimos no pensar en ello. Desde luego, es totalmente comprensible que queramos esconder la cabeza dentro de la tierra y neguemos el hecho de que algunos adolescentes puedan estar tan deprimidos, que en verdad piensen en poner fin a sus vidas. Pero la triste realidad es que esto está sucediendo y nos debemos de armar con la información necesaria para identificar y reconocer las señales de advertencia en nuestros propios hijos.

Existen estrategias y recursos específicamente diseñados para ayudar a las familias que enfrentan depresión. Y como las tasas de depresión en adolescentes en los Estados Unidos son tan altas (en especial entre las chicas), debemos buscar cuáles son esos recursos y hacer lo que sea correcto para *nuestras* familias y *nuestros* adolescentes. A pesar de lo que muchos puedan pensar, no hay una solución que funcione igual para todos. Algunas familias buscan intervención terapéutica (terapias familiares, individuales o de grupo) para ayudar a sus adolescentes a entender las raíces de su depresión y a cambiar su proceso de pensamiento; o también se puede ayudar a las familias a cambiar sus patrones de relación que, de algún modo, contribuyan a los síntomas; otros exploran enfoques de tipo biológico, como medicación antidepresiva (*Selective Serotonin Reuptake Inhibitors,* SSRIs) enfocada en los problemas neuroendócrinos que puedan existir. Muchas familias encuentran que la combinación de terapia y medicamento ofrece una solución para su adolescente. Todo depende de qué es lo que funciona para *tu* hijo y *tu* familia.

Una cosa que sabemos a ciencia cierta es que, debido a las presiones escolares, de trabajo, familiares, relaciones, redes sociales y la que parece una infinita serie de transiciones asociadas al hecho de ser adolescente, los chicos hoy en día están bajo más estrés que nunca antes. Ser adolescente, especialmente en nuestro mundo actual, es difícil; y desde luego, criarlos es igualmente difícil. En este punto, me gustaría concluir esta sección con una observación más positiva: si eres un padre con un adolescente que esté enfrentando la depresión, debes saber que no estás solo. Numerosas familias están enfrentando batallas similares, y existen muchas comunidades y grupos de apoyo enfocados específicamente en ayudar a adolescentes en depresión. Haz uso de estos recursos que te ayudarán a decidir qué estrategia de tratamiento funcionará mejor en su caso. Si, por otra parte, no has tenido ninguna experiencia de primera mano con la depresión, considérate muy bendecido e informado. He aquí algunas señales de alerta a considerar:

- ¿Tu hijo pasa demasiado tiempo a solas, en comparación con el tiempo que antes solía pasar con amigos y familia?

- ¿Has notado una evidente disminución en las actividades o intereses que antes le gustaban? ¿Muestra poco interés en cosas que antes disfrutaba?
- ¿Ha tenido cambios dramáticos en sus patrones de alimentación o de sueño? Por ejemplo, antes disfrutaba mucho comer, pero ahora casi no toca la comida; o antes dormía hasta tarde, pero ahora ni siquiera se levanta.
- ¿Muestra niveles de energía demasiado bajos? ¿Niveles poco sanos de apatía o aburrimiento?

Todos estos son factores a considerar cuando se presentan los síntomas conductuales de la depresión. No pierdas de vista que algunos factores, como el sueño, por ejemplo, pueden variar y cambiar durante la adolescencia, así que es importante comparar los niveles de comportamientos que eran normales en tu hijo.

DESÓRDENES ALIMENTICIOS

Otras formas de trastornos internalizados que se han convertido en una gran preocupación en nuestra sociedad en general, y para los padres de adolescentes en particular, son los desórdenes alimenticios. Para ser claros, no me refiero a la preferencia de los adolescentes por la pizza, las papitas o los refrescos por encima de las frutas, los vegetales y el agua, por más que puedan ser poco sanos, pero no necesariamente representan un desorden. Tampoco me enfocaré en la tendencia del adolescente a comer toda la casa con sus incesantes tentempiés y sus frecuentes visitas a la alacena y al refrigerador; con dos adolescentes en casa, mi cocina a veces parece que ha sido atacada por un feroz enjambre de langostas, no sólo porque han devorado todo sino porque dejan cajones y alacenas abiertas en el proceso (estoy segura de que con todo lo que he comprado en la tienda de víveres ya podrían poner un pasillo con mi nombre). Y, por último, no hablo a detalle de la obesidad en adolescentes, a pesar de que es un serio problema en los Estados Unidos, con tasas de obesidad en niños y adolescentes que alcanzan límites alarmantes en los últimos años. Sobre lo que voy a enfocarme en esta sección es en ese estrecho grupo de patrones de verdadero desorden alimenticio que pueden ser dañinos tanto física como psicológicamente para nuestros adolescentes.

Los desórdenes alimenticios son enfermedades serias pero tratables que presentan aspectos médicos y psiquiátricos. Los más comunes y frecuentes en los Estados Unidos son la anorexia nerviosa y la bulimia nerviosa. Algunos de ustedes tal vez se pregunten ¿por qué nos deberíamos de preocupar? ¿Son tan serios en verdad estos trastornos alimenticios entre los adolescentes? La respuesta es sin duda, sí, sí que lo son. La espantosa verdad es que los desórdenes alimenticios en los Estados Unidos han alcanzado niveles epidémicos, y están impactando todos los segmentos de la sociedad (al igual que la depresión, los desórdenes alimenticios no discriminan). Lo que es peor, además del hecho de que no existe una cura garantizada, los desórdenes alimenticios pueden volverse crónicos y convertirse en una amenaza para la vida si no se identifican y tratan de manera adecuada. Y debido a la naturaleza de estos desórdenes (sobre todo cuando impactan a adolescentes), un tratamiento efectivo es sumamente difícil, la mayoría de las veces con muchas recaídas en el curso de la vida. De los casos de desórdenes alimenticios reportados en los Estados Unidos (hay muchas estadísticas disponibles, pero éstas parecen subestimar el tema por la vergüenza y el estigma asociados a la enfermedad), 86 por ciento advierten la aparición de los síntomas en torno a los 20 años (la edad pico de inicio está entre 14 y 18 años) y 77 por ciento reporta la duración de la enfermedad entre uno y 15 años. Esto sugiere que el número de adolescentes atormentados por desórdenes alimenticios es asombroso, y la batalla para superar esta enfermedad puede durar años.

Respecto al género, las mujeres en general y las jóvenes en particular, son mucho más propensas que los hombres a desarrollar desórdenes alimenticios. Solamente un estimado de entre 5 a 15 por ciento de las personas con anorexia o bulimia son hombres. Esto no significa que los hombres sean inmunes a desarrollar desórdenes alimenticios, pues como indican las tendencias, las tasas de hombres que los presentan se incrementan constantemente. Pero, por muchas razones, incluidas las expectativas sociales, la influencia de los medios, la presión de los pares y una predisposición genética, las mujeres son más proclives a comportamientos poco saludables al tratar de controlar su peso.

Debido a que los desórdenes alimenticios se hacen cada vez más comunes en los Estados Unidos, principalmente entre la gente joven, hay algunas cosas que nosotros, como padres, nos debemos detener a pensar al respecto. Primero, y más sorprendente, es el hecho de que el creciente énfasis en la delgadez en nuestra sociedad (en especial para las mujeres) ocurre exactamente al mismo tiempo en que la población de los Estados Unidos es cada vez más pesada, por tanto se establecen expectativas irreales, y de nuevo enviamos a nuestros jóvenes mensajes ambiguos. Más aún, entre el 30 y el 67 por ciento de chicas adolescentes de universidad con peso normal, creen que tienen sobrepeso y, más terrible aún, el 80 por ciento de *todas* las mujeres reportan estar insatisfechas con sus cuerpos. Y por último, el 13.4 por ciento de las chicas jóvenes y el 7.1 por ciento de los chicos jóvenes presentan desórdenes alimenticios, lo que enfatiza que este problema social está fuera de control en el país. Y como los factores asociados con los desórdenes alimenticios incluyen baja autoestima, depresión, uso de sustancias e ideas suicidas, es importante informarnos por qué está sucediendo esto a nuestros adolescentes a tasas tan elevadas.

Después de haberte dado una descripción básica sobre los desórdenes alimenticios, te ofreceré información específica sobre los que más escuchamos: anorexia y bulimia. Primero, ya que este libro está escrito para padres de adolescentes, una breve nota de la perspectiva de los padres. Tener un hijo con anorexia es una de las experiencias más atemorizantes, frustrantes y extenuantes que un padre puede padecer en su vida. Además de la constante preocupación y del estrés que implica ver que sus hijos literalmente se matan de hambre a sí mismos y del sufrimiento que sienten al verlos en tal agonía por el concepto del peso, los padres de anoréxicos se sienten totalmente desamparados y llenos de culpa. Se preguntan qué pudieron haber hecho en dirección opuesta. Tienden a pensar: «Tal vez si simplemente le dijera más seguido que la amo, o si le hablara más, o de una forma diferente, o si consigo la ayuda que necesita... todo estaría bien, y ella vería la realidad de la situación: que es hermosa del modo que es, y que sólo se está lastimando a sí misma tratando de perder más peso». Pero la triste realidad es que, tarde o temprano, todos estos esfuerzos parecen inútiles conforme la enfermedad persiste implacable y debilita al adolescente, dejando a los padres indefensos, sin esperanza y devastados. ¿Qué es exactamente esta enfermedad y cómo podemos, como padres de adolescentes, identificarla en ellos?

Anorexia nerviosa

La anorexia nerviosa implica una excesiva pérdida de peso autoinducida o un rechazo a mantener el peso en o por encima del peso normal mínimo de una persona de acuerdo con su edad y estatura (por ejemplo, más del 15 por ciento por *debajo* del peso corporal esperado). Esto significa que las personas con anorexia se tornan peligrosamente delgadas y están obsesionadas con su peso y con lo que otros puedan «ver» de ellas. Usualmente, esta enfermedad inicia después de la pubertad o en la adolescencia tardía, la padecen principalmente niñas y mujeres jóvenes, y es poco común en varones. Golpea aproximadamente al uno por ciento de la población femenina, pero una vez más, esto puede ser una dramática subestimación. Curiosamente, debido a las expectativas y las presiones asociadas con la participación en modelaje, danza y gimnasia, la anorexia es frecuente en quienes siguen este tipo de carreras.

La anorexia nerviosa es la más mortal de las enfermedades psiquiátricas, y si no se trata o el tratamiento fracasa, puede llevar a insuficiencia cardiaca, fallas de órganos, desnutrición, incluso muerte o suicidio. Quienes padecen esta enfermedad muestran una intensa fijación por la delgadez y experimentan un miedo irracional y hasta mórbido por ganar peso. Este miedo constante es irracional, a pesar de que el peso de la persona anoréxica es ya de por sí peligrosamente bajo, pero cuando se mira al espejo se ve gorda; esta percepción se llama distorsión de la imagen corporal. Las personas que sufren esta enfermedad se miran en el espejo y emplean adjetivos tales como gorda, fea, estúpida, odiosa, y se sienten no dignas de amor; tienden a asociar su peso con tremendas opiniones negativas sobre sí mismas (que van más allá de la apariencia). Lo que resulta verdaderamente difícil de entender es que, si bien el anoréxico puede ver los números en la báscula (se pesa al día muchas, muchas, muchas veces), y sabe que pesa sólo una fracción de lo que debería de pesar en comparación con otros de su edad, sigue teniendo esta necesidad desesperada e incontrolable de perder aún más peso. Para hacer las cosas todavía más complicadas y desafiantes, las personas con anorexia con frecuencia presentan comorbilidad; es decir, también pueden presentar depresión, ansiedad, conductas y pensamientos obsesivos/compulsivos, y otros desórdenes psicológicos. La siguiente lista describe brevemente algunos de los signos y síntomas de la anorexia nerviosa:

- Por lo general sienten más frío que los demás, debido a la insuficiente grasa corporal.
- Pérdida de cabello, adelgazamiento del cuero cabelludo.
- Desarrollo de lanugo (vellos delgados en cara y espalda).
- Baja de la presión arterial/mareos.
- Reducción del ritmo cardiaco.
- Piel seca, uñas quebradizas.
- Falta de periodo (mujeres); debido a la insuficiente grasa corporal, el sistema reproductivo se apaga.
- Tristeza, depresión, irritabilidad.
- Naturaleza perfeccionista y sensible; autocrítica.
- Disminución en niveles de testosterona (hombres).

Bulimia nerviosa

Como la anorexia, la bulimia nerviosa implica una seria preocupación por la comida, el peso y la imagen corporal. Las personas con bulimia se ven envueltas en recurrentes episodios de comilonas, caracterizados por comer cantidades anormales de comida en breves periodos de tiempo, así como la sensación de perder el control durante estos episodios. Como estos atracones en general van seguidos de culpa, vergüenza y ansiedad, lo que habitualmente sigue son comportamientos recurrentes compensatorios (purgas) para evitar ganar peso. Estos comportamientos pueden incluir vomitar continuamente después de las comilonas, tomar laxantes o diuréticos, tomas píldoras dietéticas o quizás incurrir en prácticas menos invasivas como ejercicio excesivo (en algunos casos correr o trabajar por horas) o ayunar (a veces durante días). De forma similar a quienes padecen anorexia, las personas con bulimia también están sumamente preocupadas por su peso corporal y por su imagen).

El inicio de la bulimia casi siempre ocurre durante la adolescencia tardía o a principios de la vida adulta, y afecta aproximadamente entre 1 y 3 por ciento de la población. Quienes padecen bulimia también están conscientes de que sus patrones de alimentación (atracón y purga) no son sanos y son anormales, y se sienten frustrados y avergonzados por ello. No obstante, la bulimia es mucho más frecuente que la anorexia, con muchos casos no detectados o no reportados que no llevan tratamiento. Aunque hay muchas similitudes en los desórdenes de pensamiento y de comportamiento respecto de la comida, el peso de una persona poco tiene que ver con la bulimia, mientras que el criterio de diagnóstico de la anorexia es que la persona presenta un peso del 15 por ciento o más por debajo del peso corporal esperado. Esto significa que a pesar de que la anorexia es relativamente más fácil de diagnosticar basándose en la pérdida masiva de peso, la bulimia puede pasar inadvertida por un largo tiempo, pues quienes la padecen se ven «normales» respecto al peso. Algunos de los síntomas y señales de la bulimia son:

- Problemas de electrolitos y deshidratación por el vómito, el uso de laxantes y diuréticos.
- Constipación.
- Menstruación irregular en las mujeres.
- Rompimientos de vasos sanguíneos en los ojos por vomitar frecuentemente.
- Irritación de garganta.
- Fatiga y poca energía.
- Úlceras estomacales/hinchazón.
- Abrasión de los nudillos por meter los dedos en la garganta para vomitar.

- Ritmo cardiaco irregular, baja presión arterial.
- Depresión, ansiedad, culpa o vergüenza, baja autoestima.

TIEMPO DE CAMBIAR

Ha llegado el momento de un cambio de paradigmas: todos debemos de revisar cuidadosamente lo que los medios plantean como belleza y delgadez, y ver cómo están dañando potencialmente a nuestros hijos de manera constante. Es también momento de que los defensores de derechos humanos exijan cambios específicos en las políticas que permiten sitios como pro-ana, pro-mia (páginas de internet conocidas como «thinspiration» [inspiración para adelgazar], donde personas con anorexia o bulimia se dan consejos sobre cómo lograr sus metas para perder más peso), que siguen reforzando o alientan a los jóvenes en prácticas autolesivas. Debemos unirnos todos para lograr cambios en nuestros jóvenes y debemos hacerlo pronto.

Tal como sucede con la depresión, sabemos que la genética y el ambiente juegan un papel esencial para perpetuar el problema de los desórdenes alimenticios en el país. En su artículo titulado «Comorbilidad en los desórdenes de ansiedad con anorexia y bulimia nerviosas», el doctor Walter Kaye, como médico e investigador señala: «Pensamos que los genes cargan la pistola al crear la susceptibilidad al comportamiento, tal como el perfeccionismo o la tendencia a la delgadez. El ambiente luego jala el gatillo».[5] En ese caso los padres de adolescentes con desórdenes alimenticios tienen la tarea de buscar el mejor y más efectivo plan de tratamiento para sus hijos. Una vez más, no hay una varita mágica que resuelva todos los problemas para quienes tienen desórdenes alimenticios, pero sabemos que existen muchas excelentes clínicas con expertos que están dispuestos para ayudar. Hay muchos recursos locales y nacionales que tienen la misión específica de dar información y soluciones para los individuos y sus familias que están luchando contra estas enfermedades. Por lo tanto, si tú formas parte de una de esas familias, debes saber que no estás solo y que hay muchas otras que enfrentan la misma difícil situación, que se encuentran ante los mismos retos y dificultades.

Si eres tan afortunado y escapaste del avasallador impacto que tienen los desórdenes alimenticios en los adolescentes y sus familiares, ahora al menos sabes que estás bien informado y equipado para enfrentar cualquier situación futura que pudiera presentarse. En todo caso, una vez más te aconsejo que hables y *escuches* a tu adolescente. Si bien echar un vistazo al pulso de lo que los adolescentes piensan y cómo se sienten es todo un reto, por lo menos puedes hacerles saber que estás interesado en lo que están atravesando y que estás deseoso de ofrecer toda la ayuda posible y que los amas y apoyas incondicionalmente.

AMOR Y APOYO INCONDICIONAL

Si nosotros, como padres, vemos hacia atrás y recordamos nuestros años de adolescencia, probablemente estaremos de acuerdo con que ser un adolescente es realmente difícil. Los adolescentes enfrentan todo tipo de presiones, expectativas, inseguridades y dudas, y deben manejarlas en muchos contextos diversos: familia, compañeros, académicos, grupos sociales, relaciones románticas, etcétera. Y en el mundo de hoy, que se mueve a la velocidad de la luz, donde los compañeros miran y juzgan constantemente a través de las redes sociales, no es de extrañar que los adolescentes se sientan estresados. Pero recuerda que tú, como padre, tienes la oportunidad única de hacer la gran diferencia en la vida de una persona joven. Y contrario a los mensajes que nos envían sobre la necesidad de independencia y sobre que *no* quieren pasar tiempo con nosotros, nuestros adolescentes nos necesitan más que nunca. Nosotros *somos* las personas más importantes, y proporcionamos la más importante influencia en la vida de nuestros adolescentes. Desde luego, ellos persistirán para empujar los límites, ¡ése es su trabajo! Pero los adolescentes necesitan sentir la red segura de nuestro amor y apoyo incondicionales, y más que nada, necesitan que los escuchemos. Así que, papás, los reto a estar informados, a ser valientes y a estar ahí para sus adolescentes. Ellos lo valorarán tarde o temprano. *Casi* lo puedo garantizar.

9

LA GENERACIÓN SÁNDWICH:
ENFRENTA LOS MIEDOS E INSEGURIDADES DE SER PADRE DE UN ADOLESCENTE

SER UN BUEN PADRE es uno de los trabajos más difíciles y a la vez más gratificantes que uno puede tener. Ser padre de un adolescente, en particular, es una tarea abrumadora, sobre todo porque vivimos en una sociedad competitiva que va a un ritmo frenético guiada por la tecnología. Cuando comenzamos a percatarnos de los importantes cambios que llegan con la adolescencia (físicos en la pubertad, ansiedades, humor y desde luego los clásicos ojos mirando al cielo que acompañan la conocida actitud de yo-lo-sé-todo), nos preguntamos qué sucedió con nuestros pequeños cariñosos y felices hijos. Conforme crecen, inevitablemente nos sorprendemos cuando atestiguamos que esos dulces niños mutan en unos pubescentes llenos de emociones al borde de la explosión. Asimismo, empezamos a buscar respuestas a multitud de preguntas, en un esfuerzo por comprender lo que es normal y lo que no durante la transición de niño a adulto; vemos la forma como otros padres manejan esta época borrascosa, y aprendemos qué recursos hay por ahí para evitar arrancarnos los cabellos y que nos ayuden a averiguar si al menos estamos haciendo *algo* bien.

PERDIDOS Y DESORIENTADOS

Es una realidad que muchos miles de padres se sienten perdidos, mal preparados y llenos de dudas cuando se enfrentan a tener que criar un adolescente. El otro día, en el gimnasio escuché una conversación entre dos papás. El papá número uno expresaba su incredulidad y frustración ante el nuevo comportamiento sarcástico y desagradable de su hijo. Expresó aún más frustración y duda de sí mismo al tratar de explicar cómo había manejado la situación preguntándose, con gran inquietud, si había hecho lo correcto. El papá número dos, junto con otros papás que escuchaban disimuladamente la conversación, respondió: «¡Qué gusto me da oírte decir eso!... Pensé que era el único que tenía que lidiar con esa basura, y *siempre* me pregunto si tan siquiera sé lo que estoy haciendo».

Basta decir que los padres de adolescentes tienen muchas preguntas, dudas, miedos e inseguridades. En efecto, recientes publicaciones nacionales resaltan el hecho de que hay cientos de padres sedientos de información sobre la crianza de adolescentes. *The New York Times*, por ejemplo, publicó recientemente un artículo donde señala la creciente demanda de lectores por «...más información sobre la crianza de adolescentes, ¡por favor!» A lo que la revista *Times* respondió que la revista *Brain Child*, una publicación de gran distribución y muy conocida, había dedicado todo un fascículo al tema. En resumen: todos nos preguntamos si estamos haciendo bien las cosas en la crianza de los adolescentes. Después de todo, crear físicamente a una persona fue sencillo, pero la parte difícil es lograr que sea amable, responsable, informada, y no una asesina con un hacha. ¡Es mucha presión! Y según las estadísticas, los adolescentes constituyen un cuarto de la población mundial, por lo que no es de extrañar que haya tantos padres en un total estado de pánico. Los escucho.

Entonces, ¿a dónde debemos dirigirnos en busca de respuestas o consejo? La mayoría de nosotros inmediatamente pensamos en internet. Pero encontrar respuestas confiables en la red puede ser abrumador si consideras que al teclear las palabras «criar adolescentes» en un motor de búsqueda popular arroja más de 91 700 000 resultados en .44 segundos. Más aún, tienes que filtrarlos de millones de sitios para determinar cuáles son apropiados, cuáles legítimos y cuáles contienen información confiable, válida y útil. ¿Quién tiene el tiempo?

¿Qué ha pasado con el viejo método de hablar e intercambiar ideas con otros padres? Cuando nuestros hijos eran pequeñitos, contábamos virtualmente con un ejército de padres en quienes apoyarnos para obtener consejo o sólo para desahogarnos. En aquel entonces, íbamos a grupos de juego e interactuábamos con otras mamás y papás en el patio de recreo, y no teníamos inconveniente en contar nuestras historias y pedir consejo sobre las últimas y mejores estrategias de crianza de preescolares o sobre pomadas para rozaduras de pañal. Pero conforme nuestros niños se hacen adolescentes, no sólo perdemos tiempo con ellos, también perdemos el grupo de apoyo y los recursos que nos aportaba. Por esta razón es que escribo este libro, para padres como yo, que a diario nos preguntamos: «¿Lo estaré haciendo bien?».

En este capítulo abordaré lo que la mayoría de los padres atraviesa durante esta etapa de la vida, y te haré ver que no estás solo. Si en cualquier momento durante los años de adolescencia de tu hijo, te has cuestionado si es normal pensar o sentir de cierto modo, la posibilidad es que haya miles de papás allá afuera que piensen, se pregunten y sientan igual que tú. Así que imaginemos que estamos sentados juntos, como un nuevo grupo de amigos, tomando café (¡o margaritas!) y compartiendo información, ¿de acuerdo?

NUESTRA PROPIA PERSPECTIVA

A menos que hayas tenido a tu hijo cuando tenías seis años, lo más probable es que te encuentres en la categoría de «adulto de mediana edad», lo que para nuestros adolescentes significa que somos tan viejos como Matusalén. A pesar de ello, este periodo de nuestras vidas nos presenta retos y factores de estrés únicos, y ajustarnos al viaje de nuestros hijos a través de la adolescencia puede implicar más estragos en nuestra salud mental que en la de ellos. Ya te imaginas, ¿verdad? No obstante, debo señalar que no todos los padres viven estos problemas de la misma forma o al mismo nivel. Por ejemplo, los padres que están sumamente involucrados en un trabajo gratificante fuera de casa, o que tienen un matrimonio o relación feliz y comprensiva, pueden estar más protegidos de algunas de estas consecuencias negativas, en tanto que las madres solteras pueden resultar especialmente vulnerables a los efectos de vivir con un adolescente malhumorado. ¡Incluso puede que terminen por escribir un libro al respecto! Con sus posibles variables, a continuación se presentan algunas de las dificultades que los padres de adolescentes comparten.

Un par de años atrás, mi familia hizo un viaje a un lago. Una vez ahí, mi hija Sophia salió luciendo un minúsculo y llamativo bikini morado brillante, atrayendo la atención de todo el mundo. Puesto que, comparado con el año anterior, ahora el bikini se rellenaba bastante bien, mi amiga que estaba ahí con sus hijos, exclamó: «¡Cielos, Sara, estás en problemas!» El estallido fue seguido por un «¡Santo Dios, recuerdo cuando me veía así!»

Algunos padres, al ver a su hija o hijo convertidos en personas maduras, atractivas e incluso sexis, comienzan a sentir una creciente preocupación por sus *propios cuerpos*, por su atractivo físico, y por su *sex-appeal*. Esto es especialmente cierto para los padres solteros que, tanto por las presiones derivadas de la sociedad en que vivimos centrada en la juventud, consideran que aún están «dentro del mercado» y posiblemente estén buscando un nuevo compañero o compañera y de algún modo sientan la presión de seguir atentos a cosas tales como la apariencia física y el atractivo. Cuando vemos a nuestros hijos alcanzar la cúspide de su belleza física (al menos como muchos la definen en nuestra sociedad), empezamos a lamentarnos del hecho innegable de que ya no estamos ni en la adolescencia ni en nuestros veintes, y que a pesar de nuestros esfuerzos, el tiempo, la complexión, la pérdida de elasticidad de la piel, el cuerpo empieza a pasarnos factura. Comenzamos a preguntarnos: «¿Acaso ya no soy atractivo?» o «¿Alguien me encontrará sexualmente atractivo?» Como puedes imaginar, todas estas dudas e inseguridades tienden a minar nuestra autoestima y nuestra confianza. Si nunca te has sentido así, y te estás preguntando quién, en su sano juicio, podría tener tales pensamientos tan vanos e inadecuados, debes de saber que hay muchos (y realmente quiero decir *muchos*) padres que así lo sienten y a ellos les digo que no están solos. Es totalmente normal sentirse así, y ¿adivinen qué? Está bien.

Otra cosa que los padres de adolescentes tienden a experimentar es lo que se llama la *meseta ocupacional*. Es decir, en torno a la mediana edad, podemos llegar a la conclusión de que tal vez hemos ido tan lejos o llegado tan alto como hemos podido en nuestras carreras. Has escuchado que las mujeres y las minorías constantemente rompen las barreras laborales, ¿verdad? Bueno, ésta es la versión «barrera del envejecimiento» por medio de la cual alcanzamos nuestros objetivos en el trabajo y ya no hay hacia dónde ir, nos aburrimos y ya no tenemos interés en hacer la misma cosa año tras año, o somos reemplazados por personal joven y fresco con ideas y métodos igualmente jóvenes y frescos. En todo caso, nos podemos sentir obsoletos, frustrados, anquilosados y quizás empecemos a cuestionar la efectividad de nuestra carrera y de nuestras elecciones. Junto con esos argumentos, las personas en esta etapa de la vida también comienzan a reconocer que, a diferencia de cuando éramos jóvenes y vibrantes y podíamos reinventarnos constantemente, las posibilidades ya no son infinitas; más bien, las oportunidades de cambiar son cada día más limitadas. Sé que esto puede sonar un poco exagerado: hordas de personas *inician* nuevas carreras, empiezan a viajar, o eligen tomar nuevos y emocionantes caminos apenas sus hijos son mayores; pero muchas otras personas sienten esta etapa de transición en sus vidas como un callejón sin salida... y a esas personas les repito, no están solas.

SÁNDWICH GIGANTE

Ahora discutiremos la «generación sándwich». La generación ¿*qué*? Quizá hasta ahora no te hayas enterado de que existe ese nombre para nuestro grupo en particular; no es uno de esos geniales grupos de referencia como las «generaciones X, Y o Z» o «los millennials». No, mis amigos, nuestro grupo —cuya membresía se define por la necesidad de cuidar de padres ancianos y de apoyar a hijos (adolescentes)— se asemeja a un frío trozo de carne deli metido entre dos rebanadas de pan. Bien. El punto es que muchos de nosotros, nos hacemos cargo de nuestros padres mayores (nada fácil) y, al mismo tiempo, criamos a nuestros hijos adolescentes (definitivamente nada fácil), lo que nos deja sintiéndonos cansados, ansiosos y estresados por nuestras finanzas, nuestro tiempo personal (o la falta de él), nuestra salud y evolución de nuestras carreras.

A través de este libro hemos discutido varios retos que nosotros, como padres, enfrentamos al criar adolescentes. En ningún momento alguien me advirtió que, además de la montaña rusa de emociones y responsabilidades que implica criar adolescentes, al mismo tiempo tendría que enfrentar el hecho de mis padres envejeciendo y que necesitaran de mi ayuda. Este inesperado papel resulta perturbador. No me malinterpreten, no me quejo bajo ninguna circunstancia y me siento honrada de tener la posibilidad de retribuir a las personas que no sólo me dieron la vida, sino que siempre han estado presentes para mí, mis hermanos y sus 13 nietos. No hay absolutamente nada que nuestros padres no harían por nosotros, y ahora es nuestro turno cuidar de ellos. Simplemente, no tenía idea de que esto fuera tan difícil.

A aquellos de nosotros que estamos en esta situación (donde los retos son tan grandes que tal vez deberíamos llamarnos la «generación sándwich gigante») les hago saber que tal escenario es dolorosamente difícil por dos razones. Primero, es desgarrador ver a tus padres, a quienes estábamos acostumbrados a ver siempre tan fuertes, activos y llenos de energía, deteriorarse físicamente delante de tus propios ojos.

Como psicóloga del desarrollo, estoy plenamente consciente del declive gradual que inevitablemente padecemos. Pero como hija, veo a las dos personas que enfrentaron monstruos cuando yo era pequeña; que eran fuertes y me defendían de las chicas malas en la secundaria; que cuidaban de mí en las noches cuando estaba enferma; que tenían una increíble energía para seguirnos en nuestros diversos entrenamientos, juegos, partidos y presentaciones y *además* nos invitaban a salir a jugar pelota juntos; y me doy cuenta de que al tratarse de tus propios padres, es un poco diferente. Ser testigo del declive de tus padres no sólo te llena de humildad, también es como si la realidad te diera un bofetón. Hace darte cuenta de que estamos aquí por un breve periodo de tiempo y que luego ya no estamos. Ver a mis padres envejecer y prepararme para cuidar de *ellos* cuando están enfermos, sin duda me ha hecho estar más consciente de mi propia mortalidad, pero de igual modo me ha hecho apreciar cada segundo de cada día.

He aquí la segunda razón por la que la generación sándwich se encuentra en tan duro predicamento: digamos que has aceptado la realidad de que tus padres no están ya tan vivaces como antes y que pueden tener problemas de salud, necesitar ayuda para asistir a consultas y demás, pero ¿adivina qué? Las otras tres mil cosas que tienes que hacer —desde alimentar al perro hasta comprar los víveres, pagar las cuentas, cumplir tus compromisos laborales, lavar la ropa, y hasta, no lo olvidemos, ayudar a tus adolescentes con *sus* largas listas de cosas por hacer— siguen ahí, cada día; me canso sólo de pensarlo. No sólo es agotador, es francamente estresante. Muy seguido, los padres de adolescentes se sienten agobiados porque atienden demasiadas cosas a la vez. Es lindo sentirse necesitado, pero a veces parece hasta ridículo ¿no crees? Sobre todo si la vejez de tus padres tiene que ver con la pérdida de salud, el cuidar de ellos y de tus propios hijos al mismo tiempo, no solamente es agotador, puede además tener un impacto negativo en tus patrones de sueño, de descanso y de cuidado personal, incluso pude llevar a una gran cantidad de estrés, desgaste y depresión.

REGÁLATE UN POCO DE AMOR, CARIÑO Y CUIDADO

Entonces, ¿qué debe hacer el «sándwich gigante»? Antes de considerar esto, sugiero que te prepares una deliciosa taza de té, o te sirvas una copa de vino o cualquier cosa que para ti sea símbolo de relajación o de hacer algo bueno para ti mismo. Ahora quiero invitarte a que abandones por un momento la noción de egoísmo. Sólo por unos minutos suspendamos la fuerte creencia de que si hacemos *algo* para nosotros o pensamos en nosotros, estamos, por definición, siendo egoístas... o peor aún, malos padres. Con frecuencia me preguntan: «¿Cómo rayos haces todo eso?», y mi respuesta suele ser, «No tengo ni idea, ¡simplemente, lo hago!» Pero la verdad es que *sí* tengo idea. Sé que en realidad nunca tengo que llevar todo el peso de la responsabilidad por mí misma. Tengo amigos, familia e incluso recursos en línea que me ayudan a distribuir el peso de la carga. No soy una mártir, ni trato de serlo. Reconozco que a veces siento que me ahogo, y en esos momentos busco a aquellos que me pueden ayudar a sentirme segura. Mis padres, mis hermanos y mis amigos (todos ellos con hijos y, por tanto, conocen las profundas y peligrosas aguas de las obligaciones paternas) han salvado mi salud mental en muchas ocasiones; y yo también he estado para salvarlos. Estamos los unos para los otros y se siente realmente bien. Algunos podrán decir ¿y si tu familia no es muy cercana, o si no tienes a nadie de tu familia cerca? Ante esto digo que la familia no necesariamente es la gente con que estás emparentado biológicamente. A pesar de que sé que puede resultar difícil admitir que necesitas algo de ayuda, hay muchos recursos para los padres como nosotros: amigos, grupos de apoyo en línea, organizaciones comunitarias, vecinos, padres que escriben blogs, etcétera. La ayuda está ahí, lo único que tenemos que hacer es pedirla.

También sé que debo ser buena conmigo misma y cuidar de mí si quiero estar disponible y tener la capacidad de cuidar a otros. Muchas veces pienso para mis adentros: si siempre estoy cuidando de los demás, ¿quién cuidará de mí? Llamo a estas mis «fiestas de la compasión» y rara vez hay otros invitados aparte de mí misma. Les digo a mis amigos que comparo mi situación, como madre soltera de adolescentes que tiene además padres mayores, con un castillo de naipes. En la base de este frágil castillo de naipes hay una única carta que sirve de base (metafóricamente yo soy esa única carta, ¡por si no lo habían adivinado!). Esta carta es fuerte y lleva todo el peso del castillo sobre sus hombros, pero si algo llegara a sucederle a esta carta, todo el castillo colapsaría y se derrumbaría. Y *esto*, mis queridos amigos, no sería nada bueno. Lo digo en serio: ¿quién tiene tiempo de enfermarse? (Esto, desde luego, es un poco exagerado porque si recuerdan, como dije, tengo uno de los sistemas de apoyo más fantásticos del mundo: mis padres).

Mi intención al compartir con ustedes mi historia del castillo de naipes, es que los padres de adolescentes que además tienen que encargarse de sus propios padres conforme envejecen, *y* que tienen también responsabilidades de casa, trabajo, coche, etcétera, a menudo sienten que llevan todo el peso del mundo sobre sus hombros. Puede que te sea familiar este sentimiento. Pero la realidad es que, para poder mantener y sostener con eficacia lo que ese castillo de naipes representa, debemos asegurarnos que cuidamos de nosotros mismos. Me refiero a comer bien, hacer ejercicio, descansar adecuadamente y hacer todas las cosas que podamos hacer para cuidar físicamente de nosotros. Pero más que eso, hablo de tomarnos una pausa, de practicar un poco de autocompasión, y tal vez reconocer que somos ¡los modernos superhéroes!

Recientemente leí un artículo maravilloso en el *Huffington Post* llamado «Cómo ganar en la vida y como padre», que realmente me tocó.[1] El autor nos invita a retar a esa vocecita dentro de nuestra cabeza que siempre nos está diciendo que no somos suficientemente buenos —como pareja, madre, padre, amigo o trabajador. El autor sugiere que reeduquemos esa voz hoy, de modo que en lugar de que constantemente nos esté castigando acerca de todas las cosas que *no hemos logrado* o *no hemos hecho* de forma correcta o a tiempo, nos enfoquemos en las cosas positivas que *sí hemos logrado*. Sé que soy mi peor crítica; si pensar mal de mí fuese ilegal, sería culpable sin asomo de duda, y sería sentenciada al peor de los castigos (¡sentirme mal conmigo misma!). Por ello, me dedico un sincero y sentido *mea culpa*. Nadie es perfecto, y *todos*, en un punto o en otro, perdemos los estribos con nuestros adolescentes, somos impuntuales (por poco, por mucho), olvidamos recoger la comida del perro (otra vez), o estamos terriblemente cansados para preparar la cena, ¿y sabes qué? Está totalmente bien.

Al igual que nuestros adolescentes, nosotros también estamos en proceso. Obras de arte en proceso, para ser precisos. Realmente *es ahora* el momento de que reeduquemos a esa voz en nuestras cabezas para apreciar, respetar e incluso felicitarnos por las maravillosas cosas que logramos cada día. ¿Y qué es lo que consideramos *maravilloso*? Todo. No sólo los grandes logros o los reconocimientos formales, también las pequeñas victorias: el tomar aire y dar el siguiente paso de forma tal que nuestra familia pueda contar con nosotros; el hecho de que no sólo hemos dado vida, sino que hacemos lo mejor por la gente que amamos estando presentes; el hecho de que, al enfrentar vencimientos, presiones e inmensas responsabilidades, podemos sonreír y apreciar en verdad la bendición caótica que es la vida. Corro el riesgo de sonar como un cliché barato, pero la vida es muy corta como para desperdiciarla sintiéndonos mal sobre nosotros mismos. Estamos en este planeta lo que dura un parpadeo, y luego termina, ¿entonces por qué no saborear y apreciar todo: lo bueno y lo malo, lo grande y lo pequeño? ¿Y por qué no concedernos una pausa mientras estamos por aquí? Aunque a veces nos sentimos pequeños, somos valientes guerreros que de cuando en cuando necesitan un poco de compasión y ternura; y quién mejor para darnos lo que necesitamos que la persona que mejor nos conoce... nosotros mismos. Así que la próxima vez que empieces a golpearte mentalmente por todas las cosas que *no* has hecho, recuerda esto: estás haciéndolo todo bien. Incluso el más monumental de los errores es brillante, porque estás en el campo de batalla, comprometido a hacer lo mejor, y nunca jamás te rindes. Como dijo Teddy Roosevelt en su discurso «Ciudadanía en una República»:

> No importan las críticas; ni aquellos que muestran las carencias de los hombres, o en qué ocasiones aquellos que hicieron algo pudieron haberlo hecho mejor.
>
> El reconocimiento pertenece a los hombres que se encuentran en la arena, con los rostros manchados de polvo, sudor y sangre; aquellos que perseveran con valentía; aquellos que yerran, que dan un traspié tras otro, ya que no hay ninguna victoria sin tropiezo, esfuerzo sin error ni defecto.
>
> Aquellos que realmente se empeñan en lograr su cometido; quienes conocen el entusiasmo, la devoción; aquellos que se entregan a una noble causa; quienes en el mejor de los casos encuentran al final el triunfo inherente al logro grandioso y que, en el peor de los casos, si fracasan, al menos caerán con la frente bien en alto, de manera que su lugar jamás estará entre aquellas almas que, frías y tímidas, no conocen ni victoria ni fracaso.

Así que sé bueno contigo, amigo mío, porque lo mereces.

10
SOLTAR:
ACEPTA LA TRANSICIÓN CUANDO
TU ADOLESCENTE SE VA

SIN DUDA ME HE VUELTO UNA VIEJA SENTIMENTAL. Yo antes no era así, y la culpa es totalmente de mis hijos. De repente, me convertí en una gran masa de emociones, y la razón es porque mis hijos están creciendo, mudándose, están viviendo sus vidas y no hay absolutamente nada que pueda hacer al respecto. ¿Qué decía la canción de John Mayer acerca de no ser capaz de detener el tren, y que tenía que ver con el tiempo o la vida o algo por el estilo? Amo y odio esa canción. No es que esté sola o asustada; tengo muchos buenos amigos, una vida social sana, y más trabajo que nunca. Siendo una persona enfocada en su carrera, puedo decir que estoy bastante feliz y satisfecha con la trayectoria que mi vida ha tomado. Es aquí donde entran los «peros». Como madre, soy un desastre. Hay veces que mi corazón sufre por mis hijos, los extraño y me preocupo por ellos... y mira que todos viven a unos cuantos kilómetros de mí, así que no es que pase meses sin verlos. ¿Raro? ¿Melodramático? Tal vez. Nunca he sido una de esas mamás típicas aprehensivas cuya vida entera está definida por sus hijos, pero ahora que ya no están aquí para cocinarles, limpiarles, hablarles o incluso para pelear con ellos, mi mundo está sufriendo un cisma y no estoy segura de que me gusta. Como dije... soy un desastre.

Cuando llega el momento de que nuestros hijos se van, sea porque van a la universidad, consiguieron un empleo, o simplemente se mudan, somos golpeados por una ola masiva e inesperada de nostalgia. Para ser claros, ésta no es la escena que muchos pueden imaginar: padres sentados en una casa perpetuamente limpia, silenciosa y organizada, con una copa de vino en la mano, recordando esos viejos tiempos cuando nuestros niños eran pequeños... aunque esto sí pase de vez en cuando. La ola a la que me refiero se siente extrañamente como un enorme agujero en el pecho que puede ponerte de rodillas o hacer que te enfermes del estómago, o ambos. ¿Qué es? ¿Por qué me siento así después de que esencialmente cumplí con lo que trabajé tan arduamente toda mi vida adulta: criar con éxito a mis hijos para que se convirtieran en seres humanos fuertes, independientes y productivos? La respuesta es que, a pesar de que tu hijo es un adulto maduro, independiente y fuerte a los ojos del 99.9 por ciento de las personas, *tú* lo ves como a tu pequeñito de mejillas rosadas cuyo pasatiempo favorito era enrollar sus deditos en tu cabello mientras le leías un cuento antes de dormir, o bien esa pequeña de grandes ojos que solías llevar en tus hombros y se reía de todas tus bromas. Cuando ves a tu hijo crecido, lo que ves es a tu bebé, que ahora mora en el cuerpo de una persona mayor, pero sigue siendo tu bebé.

Todo y todos los que nos rodean han logrado hacer esta transición con el tiempo: reconocer a nuestros hijos como jóvenes adultos capaces; pero cuando nos llega ese pinchazo de nostalgia, es lógico vernos invadidos por nuestras emociones. Si algo de esto te resuena, debes saber que te acompañan muchos otros padres emocionalmente desaliñados, y que a veces compartimos juntos la misma caja de pañuelos desechables. En cambio, si tu hijo sigue siendo aún lo bastante joven como para que consideres este escenario, o si te encuentras en medio de la angustia de la adolescencia a tal punto que no ves la hora de que tu adolescente se mude, entonces nada más espera. Llegará el día en que pienses «¡Ah!... así que *esto* es de lo que se lamentaba».

Cuando nuestros hijos atraviesan los últimos estertores de la adolescencia, con todas sus pruebas y tribulaciones, no podemos reconocer (porque no vemos a través de los árboles del bosque de la adolescencia) que el tiempo pasa increíblemente rápido; antes de darnos cuenta, han crecido y se han ido. Más aún, la forma de nuestra vida cotidiana cambia por completo una vez que se fueron. Tendemos a dar por sentadas las pequeñas cosas cuando atravesamos momentos complejos, pero apenas pase el tornado adolescente, extrañaremos su acción. Cuando nuestros niños vivían en casa, nos diéramos cuenta o no, ellos eran el centro de nuestra rutina. Piénsalo. Así es como se ve mi rutina, y únicamente durante un par de maravillosos meses más, antes de que mi segundo hijo vaya a la universidad:

7:00 a.m.	Despertar al adolescente para ir al colegio (ronda uno, no exitosa).
7:15 a.m.	Despertar al adolescente para ir al colegio (ronda dos, escuchar gruñidos).
7:30 a.m.	Despertar al adolescente para ir al colegio (ronda tres, ahora tendrá que correr, lo que oficialmente me convierte en la molestia matutina).
7:45 a.m.	Saludar al muerto viviente con un «Buenos días, amor», recibir un gruñido en respuesta.
8:00 a.m.	Prepararme para ir al trabajo, dar un último empujón a la adolescente, que ahora está oficialmente retrasada, pero su cabello no quedó bien liso; trágico.
8:30 a.m.	Finalmente salir de casa; ambas vamos tarde.
9:00 a.m.	Trabajar todo el día, pero durante la jornada interceptar varios mensajes de texto de la adolescente con preguntas como: «De regreso a casa, ¿me puedes comprar una carpeta negra? Mi proyecto es para mañana temprano, ¿me puedes ayudar?»; «¿qué hay para cenar? Me muero de hambre, ¡no me diste dinero para el lunch esta mañana!»; «voy a casa de mi amiga saliendo de la escuela, ¿está bien? Me va a ayudar con la tarea»; «¿podemos ir a comprar esas botas que me encantaron cuando salga de la escuela?» Y la que recientemente se volvió mi favorita: «Tenemos una cosa planeada para la clase de español hoy sobre la comida, ¿me puedes traer unas enchiladas caseras?»
4:45 p.m.	Pensar qué haré de cenar, con una adolescente que insiste en comer súper sano (orgánico solamente,

obvio); y el otro (que viene a casa de la universidad sólo para probar mi comida) quiere antojitos.

5:00 p.m.   Salir del trabajo e ir a la tienda de víveres (porque el texto de los adolescentes explícitamente decía «nunca hay comida en esta casa», aun cuando el dueño de la tienda podría construir una nueva ala de la misma con mi nombre porque compro ahí *todos los días* y gasto un montón de dinero).

6:30 p.m.   Preparar la cena mientras los adolescentes comparan sus calificaciones de la escuela (preparatoria contra universidad), lo aburrido de sus profesores, los chicos y chicas más atractivos de la universidad; disfruto de la conversación.

7:30 p.m.   Tratar de sentarnos todos a la mesa; apenas lo logramos, debo señalarles un par de veces (nótese que no dije darles un sermón) que dejen de estar enviando mensajes de texto con otras personas, mientras personas reales están sentadas compartiendo una cena.

8:15 p.m.   Despedirme amorosamente de mi adolescente universitario, pedirle a la adolescente de casa que ayude a limpiar la cocina; escuchar un discurso enardecido digno de la Suprema Corte de Justicia, presentado por la adolescente de casa, preguntando por qué el adolescente universitario *nunca* tiene que ayudar en la cocina, ni hacer *nada*, ya que *obviamente* él es mi preferido... ¡oh!, injusticia (mi hija adolescente debería considerar seriamente convertirse en abogado).

8:20 p.m.   Limpiar la cocina sola y en paz.

8:30 p.m.   Preguntar a la adolescente por su tarea, a lo cual responde, «¡Ash, mamá, estoy tratando de descansar un rato, he tenido un largo día y estoy cansada!»

9:00 p.m.   Preguntar de nuevo a la adolescente por la tarea (más en el sentido de *decirle* que haga la tarea), y convertirme oficialmente en la molestia de la noche.

9:30 p.m.   La adolescente se encierra en su habitación, con la televisión encendida, con música, el teléfono que no deja de sonar y ella haciendo la tarea; tiempo para tomar un respiro, relajarme y darme una pausa.

9:40 p.m. Enciendo la computadora para preparar las lecciones del siguiente día de clases; también agendo la cita de la adolescente con el dentista, le ayudo con su tarea, reviso y edito ensayos y solicitudes de la universidad y relleno la solicitud de Ayuda Federal para Estudiantes.

11:00 p.m. Completamente exhausta me dispongo a ir a la cama; pero esperen, la adolescente está despierta, terminando la tarea y mandando mensajes, hablando, instragrammando, facebukeando, twitteando con amigos; le digo que vaya a la cama.

11:30 p.m. La adolescente sigue despierta, parece que tomó un segundo aire; yo, vuelta loca de alegría; le repito que apague todos los aparatos electrónicos y vaya a dormir (otra vez); oficialmente, soy la molestia de la noche.

12:00 a.m. Finalmente, en la cama, disfruto de la calma y la quietud, pensando en mil cosas que haré mañana; la adolescente entra y me da el beso de las buenas noches.

Dense cuenta de cómo casi todos los pensamientos, acciones o emociones, de algún modo tienen que ver con mis hijos dependientes. Y ¿adivinen qué? Mañana tengo que levantarme y hacer todo nuevamente ¿no es maravilloso? Sé que algunos de ustedes al leer esto llegarán a la conclusión de que estoy 100 por ciento loca: una completa lunática. Y tal vez tengan razón. Pero a pesar de la frenética locura y del ritmo febril, esta vida diaria turbulenta me sienta muy bien. Casi me he acostumbrado a ella. Es una caótica bendición y la amo, porque hace que me sienta necesitada. Me da un extraño sentido de satisfacción maternal. Hago lo que considero *el* trabajo más básico y más *importante* que puedo hacer: proveer a mis hijos. Pero ¿qué sucederá cuando mi adolescente de casa se vaya a la universidad? ¿Cómo será entonces mi rutina diaria? ¿Me marchitaré en mi inútil estado maternal, totalmente sola, de no ser por los cientos de gatos que adoptaré para tener a *alguien* a quien cuidar? No creo (¡claro!, todavía está el pequeño de ocho años), pero conforme mi tercera hija se prepara para su nueva y emocionante vida en la universidad, se siente verdaderamente como si esto fuera mi preocupación.

PERMISO DE VIVIR EL DUELO

Sé que muchos padres se preguntan si son los únicos que se sienten tristes porque sus hijos crecen y se van de casa. Durante mucho tiempo me sentí un poco avergonzada de confesar mis lamentos maternales. Me siento un poco tonta o mezquina si lo comparo, digamos, con quien ha perdido a un hijo o a una hija por un cáncer o por otra enfermedad. Tenía miedo de que mis perspectivas y sentimientos quizá fueran consecuencia de apegos inapropiados y de algún tipo de relación dependiente poco sana que yo hubiera fomentado. Como ya he dicho, *soy* una psicóloga que trabaja horas extras.

Mientras más hablo con padres de adolescentes que se van de casa, más me doy cuenta de que los sentimientos de pérdida son una experiencia bastante común. ¡Qué alivio! De hecho, ahora sé que muchos padres no sólo reconocen la normalidad de esto, sino que van un paso adelante y recomiendan que los padres de adolescentes mayores nos demos el permiso de entristecernos cuando nuestros hijos se van de casa. Esta perspectiva no únicamente despertó mi interés, también me dio enorme seguridad en el sentido de que 1) no me estoy volviendo loca y 2) otros han pasado por lo mismo y lo han superado.

Lo atinado de este punto de vista radica en dos conceptos claves: *permiso* y *duelo*. Primero, me encanta la idea de darnos permiso, ya que es tan simple y obvio, sin embargo, como padres de adolescentes, rara vez nos lo concedemos. Desde el primer momento en que sostuvimos a nuestro bebé recién nacido en nuestros brazos, hemos tenido que ser responsables, dedicados y abnegados. Nuestros hijos son primero y ¡eso es todo! No había ni un libro de reglas ni un manual que nos dijera esto, sencillamente sabíamos que ser un buen padre requería que pusiéramos las necesidades de nuestros hijos por encima de las propias. Por ello, siempre nos pareció ilógico y hasta equivocado, ponernos a nosotros en primer lugar. Pero el concepto de permiso nos permite liberarnos de esta obligación tácita (aunque sea por un instante, al saber que nuestros hijos siempre serán nuestra prioridad) y aceptamos lo que sentimos, enfocándonos por un momento en lo que *nosotros* necesitamos.

En segundo lugar, el concepto de duelo se centra en la pérdida. Esto no quiere decir que perdimos a un ser querido en una fatalidad, solamente significa que ya no tenemos a alguien en nuestras vidas de la misma forma que antes. Cuando nuestros hijos son mayores y se mudan, nos damos cuenta de que ése es el fin de la relación que teníamos, sin embargo es también el principio de una relación nueva y muy diferente. Nuestros hijos se están haciendo verdaderamente independientes, y la conexión cotidiana que teníamos, donde no sólo los veías diario sino también te deleitabas por su dependencia, se ha ido. La relación ha dado un giro, ahora rara vez puedes ver a tu hijo, y ya no eres necesario de la misma manera. Este cambio en la relación, aunque sabíamos que iba a llegar y pasamos años anticipándonos a él, se siente repentino y poco agradable. Realmente lo experimentamos como una pérdida, y es dolorosa. El punto es que está bien reconocerlo y aceptar estos sentimientos; debemos permitirnos vivir la pérdida y aprender de la experiencia, para que podamos seguir adelante con un mayor sentido de autocompasión y gratitud por la nueva relación mejorada y más madura con nuestro hijo.

UNA NOTA SOBRE LOS HIJOS BUMERÁN

Para poner en perspectiva nuestros sentimientos de pérdida de nuestros hijos cuando se mudan, debemos considerar también que algunos padres se encuentran en circunstancias completamente diferentes. Algunos adolescentes se van, experimentan un poco la vida, por una u otra razón deciden que es muy difícil, regresan y nunca más se van. Se ha acuñado el término de «hijos bumerán» para este tipo de jóvenes mayores. Excelente. Un artículo del *New York Times* titulado «Es oficial: los hijos bumerán no se irán» (It's Official: The Boomerang Kids, Won't Leave), señalaba recientemente que una de cada cinco personas entre los 20 y los 30 años ha regresado a vivir con sus padres.

Las tendencias económicas se mencionan entre las principales causas de este fenómeno, pero sin importar cuál sea la razón, el resultado me hace pensar en cómo se sienten *esos* padres. Estoy casi segura de que muchos de ellos experimentan lo opuesto a mi versión del nido vacío cuando los hijos se van de casa, y se sienten felices y contentos de tener a sus «niños» abrazados nuevamente al hogar de su infancia. Por el contrario, estoy segura de que muchos padres de chicos bumerán esperan que tal vez, sólo tal vez, algún día, antes de morir, tendrán la casa para ellos y se liberarán de sus responsabilidades paternales. Apuesto que es un poco de ambas. De todos modos, la relación entre padres y sus hijos grandes cambia: los adolescentes se sienten liberados y los padres se quedan confundidos y quizás un poquito perdidos, al enfrentar lo que parece una repentina y traqueteada alteración al interior de la familia. No hay una forma correcta o equivocada de manejar estos cambios en la relación con tu hijo mayor, más bien cuenta lo que funciona para ti y tu familia, pero los cambios suceden independientemente de todo. Y está bien. Debemos aceptar esto como los conocidos dolores del crecimiento. Nuestro hijo ha crecido y se muda (en cualquier variante) y, por tanto, las dinámicas de nuestra familia también crecen y cambian. Crecimiento y evolución... de eso se trata la vida ¿no es así?

Es interesante observar las diferencias culturales respecto a la expectativa de que los hijos mayores se muden. Provengo de una gran familia tradicional mexicana católica, y en este grupo como en muchos otros hogares latinos, *no* se asume que el hijo se mude al terminar la preparatoria. Por el contrario (mi madre lloró cuando tuve la audacia de mudarme para ir a la universidad). De hecho, se supone que los hijos (grandes) se quedarán en casa hasta que sea humanamente posible —o hasta que se casen—, e incluso entonces, es posible que el clan entero cohabite en una enorme, ruidosa y amorosa vivienda. Pero sea que lo esperes o no, sea que suceda repentinamente o en forma gradual, sea que tu hijo vuelva o no, tu relación con tu adolescente mayor atravesará una serie de transformaciones. Lee la nota previa sobre crecimiento y desarrollo. A fin de cuentas, todo está bien.

Veamos el lado luminoso: una vez que nuestros adolescentes se mudan, ahora tenemos más tiempo para invertir en otras cosas tales como, no sé, quizá... nosotros mismos. ¿Te acuerdas cuando estabas en la parte difícil de todo, con los pelos de punta ante una lista interminable de cosas pendientes, deseando tener más tiempo? Más tiempo para respirar y relajarte, para leer un libro, para iniciar un nuevo *hobby* o simplemente para salir un poco con amigos, pues ¡adivina!: ahora tienes ese tiempo. Así que ¡aprovéchalo y disfrútalo!

NUEVAS PREOCUPACIONES

Una cosa que todos los padres de hijos mayores experimentan es la constante preocupación, que creíamos se desvanecería cuando nuestros hijos crecieran. Cielos, estábamos equivocados. Al hacerse mayores nuestros adolescentes, especialmente cuando dejan la casa, una nueva serie de preocupaciones entra en juego. Desde luego, seguimos preocupándonos por su seguridad y bienestar como en el pasado (aunque no debemos esperar que nos hablen cada vez que lleguen a casa), pero ahora también nos preocupamos por cómo se están adaptando (a la vida de la universidad, al dormitorio o apartamento, etcétera), cómo manejan los conflictos normales de la vida (responsabilidades, dinero, malas personas), si se sentirán tristes o solos (proyección total), y si estarán haciendo amistades sólidas y duraderas.

Mi hijo Thomas está en su segundo año de universidad, muy cerca de la ciudad. Es una institución privada pequeña con excelente reputación y altos estándares de seguridad. Mi hijo es fuerte, intelectualmente hábil y con un futuro tan brillante que apenas quepo de emoción. No obstante, me preocupo y me pregunto si se cuida. Agonizo al pensar si será capaz de enfrentar las presiones de la escuela, el trabajo, los vencimientos, las novias, etcétera. ¿Por qué? *¿Por qué* sigo preocupándome, si sé que es totalmente capaz, un hombre hecho y derecho (o casi) al que esperan grandes cosas? Me preocupo porque, a pesar de su edad, de su inteligencia, o de dónde se encuentre, *sigo* siendo su madre y él *sigue* siendo mi bebé y eso nunca cambiará. No porque nuestros hijos crezcan y sigan adelante con sus vidas, dejamos de ser sus padres. Nuestros pensamientos y emociones seguramente nunca cambiarán al punto de no preocuparnos por lo que hacen o cómo están; la clave está en cómo manejemos nuestros sentimientos y emociones. Si nosotros, como padres, nos permitimos enfocarnos demasiado en las preocupaciones y en los «y si...», éstos van a sobrepasarnos y eso ¿qué bien nos hace?

Por tanto, ¿qué *podemos* hacer para aliviar la preocupación? ¿Comprobar constantemente cómo están nuestros hijos, espiándolos a través de los sitios de redes sociales? ¿Teléfono? ¿Mensajes? ¿Recurrir a alguien para que «les eche un ojo»? Esto probablemente no es el mejor enfoque. A pesar de nuestra irresistible urgencia por hacer algo, incluso hacer cualquier cosa para asegurar el bienestar de nuestros hijos, no es lo mejor para nosotros ni para ellos; estaríamos a punto de convertirnos en lo que los científicos llaman «padres helicóptero». Este término se refiere a aquellos padres que recorren distancias irrazonablemente largas para ayudar o proteger a sus hijos. Por lo general, detectados en ambientes académicos o profesionales, los padres helicóptero de hijos mayores hacen cosas tales como llamar al profesor de su hijo para pedirle que extiendan el plazo de entrega de la tarea (sí, yo misma he recibido ese tipo de llamadas), escriben notas o hacen las tareas de sus hijos, o llaman al jefe de su hijo para pedirle un aumento. ¿Parece extremo? Sí, para la mayoría de la gente lo es.

En lugar de hacerles a nuestros hijos las cosas de las que ellos son responsables, una mejor estrategia es darles las herramientas (por ejemplo, instrucciones, tutoría, apoyo, expectativas apropiadas, etcétera) para que cumplan esas metas por sí mismos, y aprender a soltar. Sé que suena aterrador... créanme, lo sé, pero si nos ponemos a hacer todo *por* ellos, ¿cómo o cuándo aprenderán a sostenerse en pie por sí solos? ¿Cómo aprenderán sobre responsabilidad, administración del tiempo, organización, programación, éxito y fracaso? Son nuestros hijos «mayores», después de todo, como cuando eran pequeñitos, aprenderán que después de caerse y rasparse las rodillas, se tienen que levantar y seguir caminando. Contrariamente a lo que podamos pensar, cuando los protegemos de las consecuencias naturales (por ejemplo, sacar una mala nota en una tarea porque no la completaron o si los corren del trabajo por llegar siempre tarde), no les hacemos ningún favor y les impedimos la posibilidad de volverse adultos responsables y exitosos.

Lo que sí *podemos* hacer para ayudarnos a aliviar nuestras preocupaciones es comunicar. Comunicarte con tu hijo, como sea más cómodo para ambos, vía telefónica, mensajes o cualquier medio que resulte eficiente a ti y a tu familia, te permite comprobar cómo le está yendo (o sólo para escuchar su voz). Hablar con otros padres y amigos también es útil para lograr perspectiva, compartir historias, y tal vez inclusive desahogarte un poco. Y, por último, comunicarnos con nosotros mismos (internamente, desde luego) es esencial; darte el permiso de extrañar a este hijo que ha tenido, hasta ahora, un papel tan importante en tu vida, y que seguirá consumiendo tu corazón y tu alma por el resto de tus días, sin importar cuántos años tenga.

Me gustaría concluir este capítulo con una reflexión sobre el concepto de soltar. Ser padre es probablemente la cosa más difícil que harás en tu vida. Yo crecí en medio de circunstancias difíciles, me sobrepuse a todo tipo de obstáculos, y gané muchos títulos como madre soltera, y sé de cierto que criar a mis hijos ha sido sumamente difícil, y por mucho, ha sido el logro más grande y valioso de mi vida. Como padres, invertimos todos nuestros recursos de amor, dinero, tiempo y energía en la formación de una persona amable, sabia, que sea capaz de sostenerse en pie por sí sola. Y a pesar de que nuestro trabajo nunca está terminado, nuestros bebés crecen y se van. Ésta es la esencia de la vida. Sí, es un momento dulce y amargo a la vez, y, de algún modo, difícil de aceptar. Pero por sobre todas las cosas, debemos sentir un inmenso sentido de orgullo. Orgullo por las maravillosas personas en que nuestros hijos se están convirtiendo; y, sobre todo, orgullo de nosotros mismos porque lo logramos. Así que, felicidades, mis amigos. No sólo crearon vida, sino que literalmente tocaron el futuro e hicieron de este mundo un mejor lugar.

CONCLUSIÓN

ESCRIBIR ESTE LIBRO ha hecho mucho por mí. Me ha permitido explorar el tipo de escritura informal que siempre había querido, pero no había tenido la oportunidad. Como investigadora y académica, he estado entrenada para publicar trabajos científicos en revistas de colegas, de modo que para mí ha sido liberador escribir en un estilo mucho más casual que me resulta cómodo y eficaz. Y como veo las cosas desde la perspectiva tanto de madre como de académica, encuentro una oportunidad de oro al poder hablar directamente a otros padres. En el mundo académico, normalmente leemos publicaciones escritas *por* académicos *para* académicos, y muchas veces me he preguntado si la importante información que nosotros, como psicólogos del desarrollo, compartimos llega hasta los hogares y vidas de las personas que más la necesitan: los padres.

Mi objetivo siempre ha sido escribir en una forma que se sienta como una conversación, pero que a la vez sea adecuada e informativa. Cuando comencé este viaje, muchas personas me preguntaban: «¿Qué tipo de libro de crianza estás escribiendo, un libro de texto?» Mi respuesta después del inicial «¡oh, cielos, no!», era que yo veía un gran grupo de padres de adolescentes, sentados en torno a una gran mesa, departiendo, riendo, compartiendo historias y margaritas, mientras aprendemos unos de otros y nos sentimos apoyados y definitivamente acompañados en nuestra experiencia de criar adolescentes. Ésta fue mi intención, y espero sinceramente haberla logrado. Amo totalmente ser mamá y en especial mamá de adolescentes. No sólo ha sido el logro más importante en mi vida, sino también el mayor honor y la más grande bendición que jamás haya recibido. Ser padre de adolescentes es un viaje emocionante, y como habrás notado, mis propios hijos adolescentes me han aportado valioso material y evidencia anecdótica para apoyar las ideas de este libro, y se los agradezco. Sin ellos, este libro probablemente no existiría.

Más adelante, espero escribir libros similares que se enfoquen en la crianza para padres solteros, divorciados y para el mundo caótico de las familias reconstruidas y, tal vez, también uno que hurgue en mi loca familia mexicana (piensa en la película *Casarse está en griego*, ¡sólo que no somos griegos!). Estos temas, como habrás deducido, tocan mi corazón y me encantaría investigarlos y tener otra mesa redonda con padres que han enfrentado retos similares, para considerar y discutir las alegrías peligrosas de estas de experiencias de vida.

Estoy bien consciente de cuán difíciles son estos tiempos para los padres y las familias de hoy en día. Todos estamos de prisa, estresados, llenos de cargas y cansados. Tener adolescentes, podría decirse, incrementa el estrés exponencialmente; pero yo digo que debemos alterar nuestras perspectivas y pensar que criar adolescentes no es una carga, sino un regalo. Como padres de adolescentes, formamos parte y con suerte influimos, en la hermosa transformación que viven nuestros hijos. Es nuestro amor incondicional y nuestro perene compromiso lo que los ayuda a convertirse en personas maravillosas. Sí, y es un viaje largo y duro, sin duda. Pero no debemos olvidar que no estamos solos; hay muchos más que piensan, sienten y cuestionan las mismas cosas que nosotros. Y, sobre todo, los invito a saborear los momentos con sus adolescentes.

Todos hemos oído la trillada frase de que el tiempo pasa en un abrir y cerrar de ojos; mis amigos, déjenme decirles que es cierto. A lo largo de este proyecto he hecho serias reflexiones y, como consecuencia, tengo mucho más que unos pocos discursos catárticos. Nunca he sido de quienes albergan arrepentimientos, pero si hubiera una cosa que pudiera hacer de nuevo, sería pasar más tiempo con mis hijos mientras crecían. Ahora que son mayores y emprenden sus vidas, sé que volveré la vista atrás y extrañaré los viejos tiempos cuando cuestionaban mi autoridad, discutían hasta la muerte, y me tenían despierta toda la noche con preocupaciones. Criar adolescentes ha sido una montaña rusa de emociones, divertida y terrible a la vez, pero vaya que he disfrutado el viaje y no veo la hora de ver a mis propios hijos embarcados en ese viaje con los suyos. Namasté.

NOTAS

CAPÍTULO 2

1. Claudia Wallis, "What Makes Teens Tick?", revista *Time*, mayo 10, 2004, 56-65.

CAPÍTULO 4

1. Laurence Steinberg, *Adolescence*, 10ª edición (Nueva York: McGraw Hill, 2014), 288.

CAPÍTULO 6

1. Catherine L. Bagwell y Michelle E. Schmidt, *Friendships in Childhood and Adolescence* (Nueva York: Guilford Press, 2013), 116.
2. Linda Jackson, "Adolescents and the internet", en *The Changing Portrayal of Adolescents in the Media since 1950*, ed. por Patrick Jamieson y Daniel Romer (Nueva York: Oxford University Press, 2008), 377. David Smahel, Bradford Brown, y Lucas Blinka, "Associations Between Online Friendship and Internet Addiction Among Adolescents and Emerging Adults", *Developmental Psychology*, 48 (2012): 381-388.

CAPÍTULO 7

1. John Gottman y Nan Silver, *Why Marriages Succeed or Fail* (Nueva York: Simon & Schuster, 1994), 68.
2. Harry S. Sullivan, *The Interpersonal Theory of Psychiatry* (Nueva York: Norton, 1953), 217.

3. Laurence Steinberg, *Adolescence*, 10ª edición (Nueva York: McGraw Hill, 2014), 336.
4. Steinberg, *Adolescence*, 336.
5. W. Andrew Collins, «More Than a Myth: The Developmental Significance of Romantic Relationships During Adolescence», *Journal of Research on Adolescence* 13 (2003): 1-24. Steinberg, *Adolescence*, 336.
6. Steinberg, *Adolescence*, 338.

CAPÍTULO 8

1. Laurence Steinberg, *Adolescence*, 10ª edición (Nueva York: McGraw Hill, 2014), 416.
2. Richard A. Meich *et al.*, *Monitoring the Future: National Survey Results on Drug Use 1975-2014*, The University of Michigan Institute for Social Research: Vol. 1. 2014.
3. Steinberg, *Adolescence*, 442.
4. U.S. Census Bureau, Center for Disease Control and Prevention, julio 9, 2014. Dsiponible en: http://www.cdc.gov/mentalhealth/data_stats/depression-chart-txt.htm.
5. Walter H. Kaye, Cynthia M. Bulik, Laura Thornton, Nicole Barbarich, y Kim Masters. «Comorbidity of Anxiety Disorders with Anorexia and Bulimia Nervosa». *American Journal of Psychiatry* 161(12) (Dic. 2004): 2215-21.

CAPÍTULO 9

1. Glennon Melton, «This Is How to Win at Parenting and Life», *Huffington Post*, enero 16, 2015, Disponible en: http://www.huffingtonpost.com/glennon-melton/this-is-how-to-win-at-parenting-and-life_b_6489048.html.

REFERENCIAS

Bagwell, L. y Michelle E. Schmidt. *Friendships in Childhood and Adolescence.* Nueva York: Guilford Press, 2013.

Baumrind, Diana. "Parental Disciplinary Patterns and Social Competence in Children". *Youth and Society 9* (1978): 239-276.

Brown, Bradford. "Peer Groups". En *At the Threshold: The Developing Adolescent*, editado por S. Feldman y G. Elliott, 171-196. Cambridge, MA: Harvard University Press, 1990.

Brown, Bradford. "Adolescents' Relationships with Peers". En *Handbook of Adolescent Psychology*. Editado por R. Lerner y L. Steinberg. Nueva York: Wiley, 2004.

Carskadon, Mary. "Sleep in Adolescents: The Perfect Storm". *Pediatric Clinics of North America 58* (2011): 637-647.

Chandler, Michael. "The Othello Effect: Essay on the Emergence and Eclipse of Skeptical Doubt". *Human Development 30* (1987): 137-159.

Coleman, James. *The Adolescent Society*. Glencoe, IL: Free Press, 1961.

Fischhoff, Baruch, y Marilyn J. Quadrel. "Adolescent Alcohol Decision". En *Alcohol Problems Among Adolescents: Current Directions in Prevention Research*, editado por Gayle Boyd, John Howard, y Robert Zucker (59-84). Hillsdale, NJ: Erlbaum, 1995.

Goossens, Laurence, Inge Seiffge-Krenke y Alfons Marcoen. "The Many Faces of Adolescent Egocentrism: Two European Replications". Documento presentado en la reunión bienal de la Society for Research on Adolescence, Washington, D. C., marzo 19, 1992.

Gottman, John, y Nan Silver. *What Makes Love Last? How to Build Trust and Avoid Betrayal*. Nueva York: Simon & Schuster, 2013.

Graber, Julia A., Jeannie Brooks-Gunn, Roberta Paikoff, y Michelle Warren. "Prediction of Eating Problems: An 8-Year Study of Adolescent Girls". *Developmental Psychology 30* (1994): 823-834.

Graber, Julia A., y Lisa M. Sontag. "Internalizing Problems During Adolescence". En *Handbook of Adolescent Psychology*, 3ª edición, editado por Richard Lerner & Laurence Steinberg. Nueva York: Wiley, 2009.

Hall, Gordon S. *Adolescence*. Nueva York: Appleton, 1904.

Jackson, Linda. "Adolescents and the Internet". En *The Changing Portrayal of Adolescents in the Media since 1950*, editado por Patrick Jamieson y Daniel Romer, 377-411. Nueva York: Oxford University Press, 2008.

Kaiser Family Foundation Study. Generation M2: Media in the Lives of 8- to 18-Year-Olds. Enero 20, 2010.

Kaye, Walter H., Cynthia M. Bulik, Laura Thornton, Nicole Barbarich, y Kim Masters. "Comorbidity of Anxiety Disorders with Anorexia and Bulimia Nervosa". *American Journal of Psychiatry* 161(12) (Dic. 2004): 2215-21.

Keating, Daniel. "Cognitive and Brain Development". En *Handbook of Adolescent Psychology*, 2ª edición, editado por Richard Lerner y Laurence Steinberg. Nueva York: Wiley, 2011.

Kohlberg, Lawrence. *Essays on Moral Development: Vol. 1, The Philosophy of Moral Development*. San Francisco: Harper and Row, 1981.

Melton, Glennon. "This Is How to Win at Parenting and Life". *Huffington Post*, enero 16, 2015. http://www.huffingtonpost.com/glennon-melton /this-is-how-to-win-at-parenting-and-life_b_6489048.html.

Merriam-Webster's Collegiate Dictionary, 11ª ed., s.v. "love".

Petersen, Anne C. "Adolescent Development". *Annual Review of Psychology 39* (1988): 583-607.

Rankin, Jane, David J. Lane, Frederick X. Gibbons, y Meg Gerrard. "Adolescent Self-Consciousness: Longitudinal Age Changes and Gender Differences in Two Cohorts". *Journal of Research on Adolescence, 14* (2004): 1-21.

Smahel, David, Bradford Brown, y Lucas Blinka. "Associations Between Online Friendship and Internet Addiction Among Adolescents and Emerging Adults". *Developmental Psychology*, 48 (2012): 381-388.

Smetana, Judith. "Parenting Styles and Conceptions of Parental Authority During Adolescence". *Child Development* 66 (1995): 299-316.

Steinberg, Laurence. *Adolescence*, 10ª edición. Nueva York: McGraw Hill, 2014.

Sullivan, Harry S. *The Interpersonal Theory of Psychiatry*. Nueva York: Norton, 1953.

Tanner, Daniel. *Secondary Education*. Nueva York: Macmillan, 1972.

Wallis, Claudia. "What Makes Teens Tick?", revista *Time*, mayo 10, 2004.

RECONOCIMIENTOS

QUIERO EXPRESAR MI GRATITUD a todas las personas que formaron parte de este viaje conmigo. Para escribir este libro, me apoyé en muchas personas. Mi sincero reconocimiento a todos aquellos que me dieron su apoyo, escucharon mis ideas una y otra vez, contribuyeron con su valiosa retroalimentación, pacientemente me permitieron desahogarme y quejarme, leyeron, editaron y diseñaron.

A mis amorosos padres, Manuel y Rosita Villanueva, cuyo amor constante y su aliento nunca me han faltado. Gracias por mantenerme con los pies en la tierra y enseñarme lo que significa ser un gran padre. A través de sus acciones, su guía y su dedicación, nuestra familia es fuerte, y todos se los agradecemos.

Y finalmente, a mis hermosos hijos: Susan, Thomas, Sophia y Gabriel, por llenarme de esperanza y motivarme a hacer grandes cosas por ustedes. Los amo de aquí hasta la luna, las estrellas, las naves espaciales, los arcoíris... y de regreso.

ÍNDICE ANALÍTICO